人は、「変えてゆく人だ。

目の前にある問題はもちろん、

人生の問いや、

社会の課題を自ら見つけ、

挑み続けるために、人は学ぶ。

「学び」で、

少しずつ世界は変えてゆける。

いつでも、どこでも、誰でも、

学ぶことができる世の中へ。

旺文社

英検®は、公益財団法人 日本英語検定協会の登録商標です。

英検分野別ターゲット

文部科学省後援

英検®1級 リスニング問題

［改訂版］

旺文社

はじめに

本書は実用英語技能検定（英検®）1級のリスニング問題に特化した問題集です。

　普段から英語の音声を聞く機会が決して多くない学習者にとって，リスニングの対策として非常に重要なのは，「とにかくたくさんの英文を聞く」ことです。そして，それと同時に大切なのは，「各Partの特徴を知り，Partごとの練習を積み重ねる」ことです。どんな英文が流れてくるのかについてパターンを知り，慣れることは結果に大きく影響します。本書のオリジナル問題は過去問分析に基づいて作られています。本番によく似た本書の問題を解くことで，試験でも落ち着いて対処できることを目指します。

　本書には以下のような特長があります。

独自の分析から攻略ポイントを学べる
過去問分析とそれに基づいた攻略ポイントを紹介しています。リスニング全般への取り組みに加えて，Partごとに異なるアプローチを問題パターン別に習得できます。

オリジナル問題150問を解ける
練習問題96問，模擬テスト54問（27問×2回分）を収録しています。

本番そっくりの音声が聞ける
練習問題も模擬テストも，英検1級のスピードに合わせ，本番そっくりの発音（イギリス英語を含む）でナレーションが読まれています。

　本書をご活用いただき，英検1級に合格されることを心よりお祈りしております。

　終わりに，本書を刊行するにあたり，多大なご尽力をいただきました埼玉大学及川 賢先生に深く感謝の意を表します。

旺文社

※本書の内容は，2023年6月時点の情報に基づいています。受験の際は，英検ウェブサイト等で最新情報をご確認ください。
※本書は，「英検分野別ターゲット 英検1級 リスニング問題150」の改訂版です。

CONTENTS

Chapter 1 攻略ポイント

Chapter 2 Part 1 練習問題

Chapter 3 Part 2 練習問題

執筆　及川賢（埼玉大学），Ed Jacob，株式会社CPI Japan
編集協力　斉藤敦，鹿島由紀子，Michael Joyce, Jason Andrew Chau
装丁・本文デザイン　相馬敬徳（Rafters）
録音　ユニバ合同会社
ナレーター　Emma Howard，Jack Merluzzi，Guy Perryman，Ann Slater

本書の利用法

Chapter 1 攻略ポイント

問題形式を把握し，過去問の傾向を確認しましょう。その後，Partごとの攻略ポイントを詳しく解説していますので，問題に取り組む前に頭に入れておきましょう。

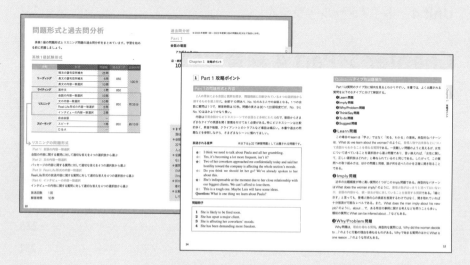

Chapter 2～5 練習問題 ／ Chapter 6 模擬テスト

オリジナル問題に挑戦しましょう。Chapter 2からChapter 5までは，Partごとの練習問題になっています。Chapter 6は，総仕上げとして取り組む模擬テスト×2回分です。

音声データ名
詳細はp.8をご覧ください

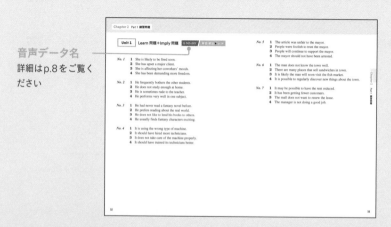

解答・解説

練習問題ではUnitごと，模擬テストでは回ごとに解答解説がついています。英文スクリプト，全訳，詳しい解説を読んで，しっかりと復習をしましょう。

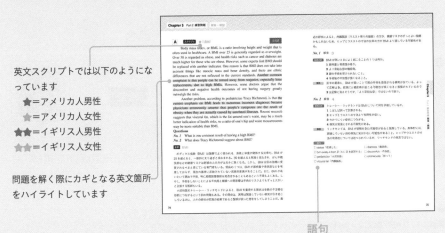

英文スクリプトでは以下のようになっています

⭐=アメリカ人男性
⭐=アメリカ人女性
⭐⭐=イギリス人男性
⭐⭐=イギリス人女性

問題を解く際にカギとなる英文箇所をハイライトしています

語句
覚えておきたい語句をまとめています

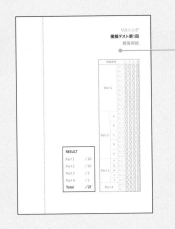

解答用紙
模擬テスト用の解答用紙が巻末に付いています
解答一覧で答え合わせをして，正答数を書きましょう

Appendix　覚えておきたい表現リスト

1級リスニングで役立つと考えられる表現をまとめました。これらを覚えておくことで，特に会話での理解力が高まります。

音声について

　本書に収録されている練習問題・模擬テストの音声と，Appendix「覚えておきたい表現リスト」の表現と例文の音声は，以下の2つの方法で聞くことができます。収録箇所は))) 001 で示されています。

公式アプリ「英語の友」（iOS/Android）で聞く場合

❶「英語の友」公式サイトより，アプリをインストール
　　https://eigonotomo.com/
　　（右の2次元コードからアクセスできます）

英語の友　　検索

❷ライブラリより「英検分野別ターゲット 英検1級 リスニング問題［改訂版］」を選び，「追加」ボタンをタップ

●本アプリの機能の一部は有料ですが，本書の音声は無料でお聞きいただけます。
●詳しいご利用方法は「英語の友」公式サイト，あるいはアプリ内ヘルプをご参照ください。
●本サービスは予告なく終了することがあります。

パソコンに音声データ（MP3）をダウンロードして聞く場合

❶ 以下のURLからWeb特典にアクセス
　　https://eiken.obunsha.co.jp/1q/

❷本書を選び，以下のパスワードを入力してダウンロード
　　pjgamd（※すべて半角アルファベット小文字）

❸ファイルを展開して，オーディオプレーヤーで再生
　　音声ファイルはzip形式にまとめられた形でダウンロードされます。展開後，デジタルオーディオプレーヤーなどで再生してください。

●音声の再生にはMP3を再生できる機器などが必要です。
●ご使用機器，音声再生ソフト等に関する技術的なご質問は，ハードメーカーもしくはソフトメーカーにお願いいたします。
●本サービスは予告なく終了することがあります。

Chapter 1
攻略ポイント

問題形式と過去問分析

　英検1級の問題形式とリスニング問題の過去問分析をまとめています。学習を始める前に把握しましょう。

英検1級試験形式

技能	形式	問題数	満点スコア	試験時間
リーディング	短文の語句空所補充	25問	850	100分
	長文の語句空所補充	6問		
	長文の内容一致選択	10問		
ライティング	英作文	1問	850	
リスニング	会話の内容一致選択	10問	850	約35分
	文の内容一致選択	10問		
	Real-Life形式の内容一致選択	5問		
	インタビューの内容一致選択	2問		
スピーキング	自由会話	—	850	約10分
	スピーチ	1問		
	Q&A	—		

リスニングの問題形式

〔Part 1〕会話の内容一致選択
会話の内容に関する質問に対して適切な答えを4つの選択肢から選ぶ
〔Part 2〕文の内容一致選択
パッセージの内容に関する質問に対して適切な答えを4つの選択肢から選ぶ
〔Part 3〕Real-Life形式の内容一致選択
Real-Life形式の放送内容に関する質問に対して適切な答えを4つの選択肢から選ぶ
〔Part 4〕インタビューの内容一致選択
インタビューの内容に関する質問に対して適切な答えを4つの選択肢から選ぶ

放送回数　　1回
解答時間　　10秒

過去問分析 ※2020年度第1回〜2022年度第3回の問題を旺文社で独自に分析。

Part 1

会話の場面

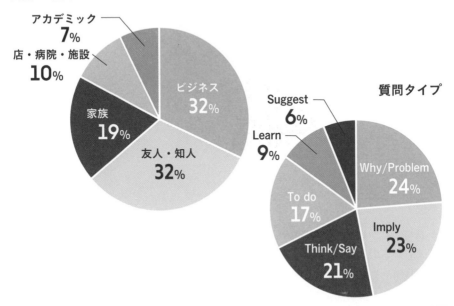

質問タイプ

- まずはPart 1の場面と質問タイプについて確認しておきたい。なお，会話の場面は明示されていないことも多く，推測に基づくものも含まれている。
- 会話の場面では，ビジネスにかかわるもの，友人・知人同士の会話がいずれも32％で最も多かった。それに続いて家族が19％であった。ただし，友人・知人と家族はカジュアルな内容という点ではよく似ている。
- 店員と客，医師と患者といった場面，学校でのアカデミックな話題も，多くはないが一定数が出題されている。
- 質問タイプでは，何かの理由を問う問題，会話からわかる問題点を問う問題（Why/Problem）が最も多い。明示されず示唆されている内容を問う問題（Imply）もほぼ同数である。
- 何かについての話者の考えや発言内容を問う問題（Think/Say），会話の後の話者の行動を問う問題（To do）も多く出題されている。
- 比較的少数ではあるが，会話からわかることを問う問題（Learn），話者が提案していることを問う問題（Suggest）も一定数の出題がある。

Part 2

ジャンル

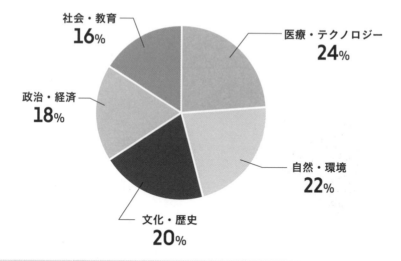

- 長めのパッセージを聞く Part 2 では幅広いジャンルの内容が扱われる。
- 最も多いのは医療・テクノロジーで，医療分野における最新の研究結果や，科学技術の発展に伴う話題が多く扱われている。
- 次に多いのは自然・環境である。深刻化する環境問題のほか，多様な生物の生態などが扱われる。
- 以下，世界のさまざまな文化と欧米を中心とした歴史，政治と経済（ビジネスの話題含む），社会問題と教育，と続く。
- ジャンルによって多少の頻度の差はあるが，大きな差があるわけではなく，さまざまなジャンルが扱われていることがわかる。ニュースや新聞，雑誌，ウェブサイトなどを通して日ごろから情報収集することを心がけたい。

Part 3

場面

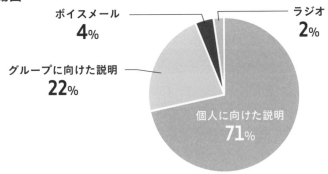

- 最も多いのは，誰かが自分に対して直接何かの説明をする場面である。
- 次に多いのは，大きな会議や空港のアナウンスなど，誰かが集団に向けて説明をしており，自分は説明されているうちの1人という状況である。
- その他，ボイスメール（留守電），ラジオと続く。これらは少数ではあるが一定数見られる問題なので，忘れずに対策をしておきたい。

Part 4

ゲストの業種

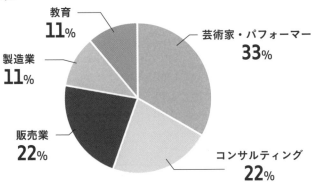

- 芸術家・パフォーマーが最も多く，コンサルティング，販売業が続いている。
- ただし，Part 4は1回の試験に1つのインタビューがあるだけで母数が少ないので，明確な傾向とは言いがたい。さまざまな種類の仕事をしている人がゲストとして登場することを想定しておくのがよいだろう。

1 Part 1 攻略ポイント

Part 1の問題形式と内容

　2人の男女による会話と質問を聞き，問題用紙に印刷されている4つの選択肢から適するものを選ぶ形式。全部で10問あり，No. 10のみ3人での会話となる。1つの会話に質問は1つで，解答時間は10秒。問題の長さは80〜120語程度だが，No. 9とNo. 10はほかよりかなり長い。

　内容は日常会話からビジネスシーンでの会話など多岐にわたるので，普段からさまざまなタイプの英語を聞く習慣を付けておく必要がある。特にビジネスシーンは比較的多く，昇進や転勤，クライアントとのトラブルなど場面は幅広い。本書や過去の問題などを参照しながら，さまざまなシーンに慣れてほしい。

放送される音声　　　　　　　※以下はp.32で練習問題として出題される問題です。

★： I think we need to talk about Paula and all her grumbling.

★： Yes, it's becoming a lot more frequent, isn't it?

★： Two of her coworkers approached me confidentially today and said her hostility toward the company is affecting the whole section's morale.

★： Do you think we should let her go? We've already spoken to her about this.

★： She's indispensable at the moment due to her close relationship with our biggest clients. We can't afford to lose them.

★： This is a tough one. Maybe Luis will have some ideas.

Question: What is one thing we learn about Paula?

問題冊子

---

1 She is likely to be fired soon.
2 She has upset a major client.
3 She is affecting her coworkers' moods.
4 She has been demanding more freedom.

Question タイプ別出題傾向

Part 1は質問のタイプ別に傾向を見るとわかりやすい。本書では，よく出題される質問を以下の6タイプに分けて解説する。

- ❶ Learn 問題
- ❷ Imply 問題
- ❸ Why/Problem 問題
- ❹ Think/Say 問題
- ❺ To do 問題
- ❻ Suggest 問題

❶ Learn 問題

この場合の learn は「学ぶ」ではなく「知る，わかる」の意味。典型的なパターンは，What do we learn about the woman? のように，登場人物や出来事などについて会話からわかることを尋ねる質問である。一見難しい問題のように見えるが，女性について述べていることを選択肢から選ぶ問題であり，言い換えれば，「女性に関して，正しい選択肢はどれか」と尋ねられているのと同じである。したがって，この質問への取り組み方は，ほかの問題と同様，誰が何を述べたのかを正確に聞き取ることである。

❷ Imply 問題

近年の出題頻度が特に高い質問の1つがこの Imply 問題である。典型的なパターンは What does the woman imply? のように，登場人物がはっきりと述べてはいないが，会話の内容から，彼・彼女が暗に示していることを推測する質問である。「暗に示す」と言っても，登場人物の心の奥底を推測するわけではなく，聞き取れていれば十分推測が可能なレベルである。また，What does the man imply about his new job? のように，about ... で，ある特定の事柄に関する考えなどを問うことも多い。類似の質問に What can be inferred about ...? などもある。

❸ Why/Problem 問題

Why 問題は，理由を尋ねる質問。典型的な質問には，Why did the woman decide to ...? のように行動の理由を尋ねるものがある。Why で始まる質問のほかに What is one reason ...? のような形式もある。

会話中にbecauseやsinceなど理由を明示する表現が使われることはほとんどないので，聞く際には，登場人物の言動や行動を正確に聞き取るとともに，それらがどのような関係になっているのかも注意して聞くことが大切である。

Problem問題とはWhat is the woman's problem? のように，問題の内容を答える質問。似ている質問にWhat is the woman concerned about? やWhat's the matter with ...? などがある。

❹ Think/Say 問題

登場人物が考えていることや言っていることの内容を問う質問で，これも頻度が高い。What does the woman think/say about ...? の形式が典型的。sayで聞かれている場合は会話の中で明示的に述べられていることを答える。thinkの場合は，発言内容から導き出される範囲で正しいと思えることを考えなければならないので，少々難しくなる。しかし求められているのは常識的な範囲での解答なので，放送文を正確に聞き取れていれば，正答に到達できるはずである。

類似の問題として，What is the woman's opinion of ...? などがある。

❺ To do 問題

登場人物が何かをしなければならない状況になるなどして，その行動を尋ねる質問がTo do問題である。典型的なパターンは, What does the woman decide to do? のように自分ですべきことを決める場合と，What does the woman want [tell] the man to do? のように誰かが他者にやるべきことを指示するパターンの2つである。いずれの場合もポイントは2つで，「誰が」「何を」するのかをしっかりと聞き取る必要がある。

類似の質問に，What will the man probably/likely do next? のように，会話の流れから登場人物がこれからどうするかを予測するパターンもある。

❻ Suggest 問題

会話に登場する人物が何らかの提案を行うことがよくある。その提案内容を尋ねる質問がSuggest問題である。What does the woman suggest the man do? という形で，一方が他方にその人がすべきことを提案するのが典型的である。

「提案」という視点では，What advice does the woman give the man? も同様である。

攻略のコツ

　会話なので，「どちら」が「何」を言っているのかを正確に捉える必要がある。特に，会話の途中で登場人物の考えが変わるときなどは要注意である。例えば，初めにＡという考えを支持していた話し手が，会話が進むうちにＢという考えに変わるという流れは珍しくない。質問では，このＢを問われることが多いが，会話に出てくる順番が「Ａ→Ｂ」とは限らない。まずＢを支持していることを述べた後で，実は以前はＡだったという展開も十分考えられるので，会話に出てくる順番に惑わされないように注意したい。登場人物が3人になるNo. 10はさらに注意が必要だ。

　また，会話形式なので，日常会話でよく使われる口語表現が数多く出てくる。単語そのものは簡単でも，聞き慣れない組み合わせの熟語の場合もあり，それが質問に大きく関係することもある。映画やドラマなどを通して口語表現に慣れておくことも大切だ。また，本書の巻末には会話でよく使われる連語や熟語を取り上げたリストがあるので，参考にしてもらいたい。

2 Part 2 攻略ポイント

Part 2の問題形式と内容

　4種類あるリスニング問題の中で特に難度が高いのが Part 2 である。英文の長さ，構文の難易度，語彙の難しさ，どれをとっても難しい。直前の対策だけでは対応できないので，英語のニュースなど，普段からまとまった英文を聞く習慣を付けておきたい。問題の形式は，200語程度のパッセージとその内容に関する英語の質問を聞き，4つの選択肢から答えを選ぶというもの。パッセージは(A)～(E)の5題で，それぞれに2つの質問が続くので，質問数は全部で10問である。解答時間は各問10秒。

放送される音声　　　　　　　　※以下はp.72で練習問題として出題される問題です。

⭐ **(A) BMI**

　　Body mass index, or BMI, is a ratio involving height and weight that is often used in healthcare. A BMI over ...（略）

　　Another problem, according to pediatrician Tracy Richmond, is that the current emphasis on BMI leads to numerous incorrect diagnoses because ...（略）

Questions

No. 1　What is one common result of having a high BMI?

No. 2　What does Tracy Richmond suggest about BMI?

問題冊子

No. 1　　**1**　Loss of muscle mass and bone density.
　　　　　2　A more serious form of diabetes.
　　　　　3　Not being able to have knee operations.
　　　　　4　Increased discomfort after surgery.

No. 2　　**1**　It is often calculated incorrectly.
　　　　　2　It is less useful than hip and waist measurements.
　　　　　3　It leads to little-understood symptoms.
　　　　　4　It can cause illnesses to be overlooked.

出題ジャンル

　医療，テクノロジー，政治，経済，教育，社会，自然，環境，文化，歴史などトピックは多岐にわたるが，ある分野での最新の話題を扱ったものが少なくない。最新の話題といっても，専門知識がなければ解けないという問題ではない。一般向けにわかりやすくテーマの概要を述べた文章になっているので，新聞記事レベルと考えていいだろう。専門用語が出てきたとしても，それについての説明がある場合が多いので，落ち着いて聞くことが肝心である。

英文の基本構成

　パッセージは，内容的に2つの部分に分かれていることが多い。よくあるパターンとしては，前半である話題に関する1つの意見や観点が導入され，次に後半で，それについての反論，新たな展開，異なる視点などを紹介し，現在も論争が継続中である，今後の進展が待たれる，などと締めくくるものがある。異なる意見や考え方を2つ以上紹介するパターンでは，メモを取るなどして，対立点などを整理しながら聞くことが重要である。

　具体的には，criticism, criticize, critics say などが出てきたら，それまでの意見と反対の意見がここから紹介されることの合図となる。however や but, though など逆接を意味する表現も，話の流れを変える際によく使われる。

Questionのパターン

　質問の形式はさまざまだが，内容の重要なポイントを問う質問がほとんどで，些末なディテールを問うことはほとんどない。対立する2つの意見を比較する英文の場合は「AとBの違いは何か」，あるものの長所と短所を説明する文章なら「長所（または短所）は何か」など。概要や要点を捉えることが大切になる。過去に出題された問題を確認するなどして，事前に傾向を知っておくとよいだろう。また，実際のところ，1つのパッセージから作れる問題には限りがあるので，過去問や本書で問題に慣れておくと，放送文を聞きながら，質問をある程度予測できるようになるだろう。

ジャンル別出題傾向

❶医療・テクノロジー

　医療や健康に関する話題はコンスタントに出題されている。脳に関する研究はよく見られるので，cerebral cortex「大脳皮質」など専門家以外にも知られるようになった語はチェックしておきたい。

　テクノロジーの話題は新しい技術の紹介が多い。最近はバイオテクノロジーやクリーンエネルギーに関する話題も多い。いずれも現代の社会情勢を反映した内容なので，普段からさまざまな話題に関心を持つことが重要だ。

❷社会・教育

　このテーマでは，特に社会での新たな現象や傾向，あるいは特徴的な出来事などに関するものが多い。まずそれらの肯定的な側面を説明し，続いてそれらへの批判や問題点が紹介されるというパターンがよくある。社会調査の結果などが根拠として引き合いに出されることがあるので，research，study，surveyなどの単語がよく使われる。

　教育も同様に近年の新しい動きや考え方，実践例が中心となる。いずれの場合も推進者と慎重派あるいは反対派の意見が紹介され，それぞれの考え方や具体的な事例を問う質問が典型的である。

❸文化・歴史

　この話題も頻度は高い。歴史は過去に起こった出来事だが，歴史の教科書に出てくる有名な事件ではなく，それほど知られていない話題を取り上げることが多い。また，それらが現代とどうかかわっているかもテーマとなることがある。その出来事はそれまでの類似の出来事とどう異なるかなどに注意しながら，メモを取るなどして，情報を整理しながら聞くことが大切である。

❹政治・経済

　政治的な話題はそれほど多くないが，ビジネスや経済に関する話題は依然として重要テーマの1つである。新しいビジネスモデルやマーケティングの手法が紹介されたり，ビジネス場面での問題点などが紹介されたりする。政治にかかわる話題では，選挙とそれに対する人々の行動の研究などもテーマになることがある。

❺自然・環境

　動物の進化や生物多様性，珍しい生物の紹介から宇宙など天文に関するものまで，自然現象とそれにかかわる人間の活動などが幅広く扱われている。そのテーマに関して，現時点でわかっていること，わかっていないことや，それらを巡る研究者の意見の対立などがよく話題となる。SDGs関連の話題も大きなテーマの1つである。

攻略のコツ

タイトルを活用する

　放送の最初にタイトルが読まれる。タイトルが付いているのはこのPart 2のみなので，活用したい。まずはこのタイトルをしっかりと聞き取ることが大切だ。タイトルだけで文章全体を把握できるわけではないが，ヒントになることは間違いない。

主張と反対意見を整理する

　「英文の基本構成」でも述べたように，ある意見や主張とその反対意見など，対立する論点を紹介する英文が少なくないので，それぞれのポイントや具体例を正確に押さえることが重要である。

3 Part 3 攻略ポイント

Part 3の問題形式と内容

仕事場や店頭などで流れてきそうな英語を聞いて答える「リアルライフ」問題。解答用紙に印刷されている状況（Situation）と質問（Question）をあらかじめ読み, 流れてくる英文を聞いて, 4つの選択肢から正しい選択肢を1つ選ぶ。放送前に状況と質問を読む時間が10秒。放送の後に質問に答える時間も10秒。質問はそれぞれの英文について1つ, 全部で5問である。放送文は150語程度で, 効果音が入ることもある。

放送される音声　　　　　　　　※以下はp.126で練習問題として出題される問題です。

> You have 10 seconds to read the situation and Question No. 1.
> ★：　We offer both savings and checking accounts. Our savings accounts have higher interest rates, but there can also be transaction fees for things like writing checks, making withdrawals, and debit purchases. We have two savings options. First, our Savings Gold account offers 1.3 percent interest annually. You won't find a higher rate at other banks. There is a $5 charge per transaction, though. Next, Savings Silver offers 1.1 percent interest annually and has the same charges, but allows five complimentary transactions each month. We also have two checking accounts. First, there's our All Inclusive account, which offers unlimited complimentary transactions. Its interest rate is 0.7 percent, and there are no account maintenance charges. Finally, our Star Checks account offers 0.9 percent interest and also has no transaction fees. There is a monthly maintenance charge of $4.99, though.
> Now mark your answer on your answer sheet.

問題冊子

> ***Situation:*** You are opening a bank account. You want the best interest rate, but you use your debit card at least twice a week and want to avoid fees. A bank employee tells you the following.
> ***Question:*** Which account should you choose?
> **1** Savings Gold.　　　**2** Savings Silver.
> **3** All Inclusive.　　　**4** Star Checks.

Situation と Question の特徴

　Situation はほぼすべて You で始まるので（状況設定が先に来ることもある），その人の立場になった場合，自分がどう行動すべきかなどを状況や放送文に含まれる情報から判断する。

　Question は What should you do first? など，やるべきことを尋ねる問題と，Which course should you choose? など，複数の候補から最適な選択肢を選ぶことが求められる問題がほとんどである。

タイプ別出題傾向

　Part 3 の場面は主に「個人に向けた説明」「グループに向けた説明」「ボイスメール」「ラジオ」の4種類であり，近年は「個人に向けた説明」の割合が高い。これは，あなた（You）が直接話しかけられている場面である。実際の生活で誰かに直接話しかけられる場合，こちらから質問をしたり確認をしたりすることがあるが，ここではすべて相手が一方的に話すモノローグの形になっている。

　私たちが日常で出会いそうなさまざまな場面から出題されている。普段からあらゆるジャンルの英語を聞く習慣を付けておく必要がある。ただ，英文がモノローグ形式なので，普段の対策として，ドラマなど会話が多いものに加えて，ニュースなどアナウンサーが1人で話す英語にも慣れておきたい。

❶個人に向けた説明

　You（あなた）個人に向けた発話なので，1対1の場面で相手の話を聞いている設定が多い。商品やサービスの内容などの説明では，それらの長所や短所を述べたり，似ている複数のものを列挙してそれぞれの特徴を述べたりしている。また，トラブルが発生した場面で「あなた」が専門家などからアドバイスを受けるような場面もある。

❷グループに向けた説明

　You（あなた）個人ではなく，多数の聞き手に向けて流れる英語。大きな会議や空港でのアナウンスのような場面も含まれる。こちらも，何がどこにあるか，どこに行けば何ができるか，困っている状況にあるなら何をすべきかなど，選択肢となる情報が流れてくるので，整理しながら聞くことが大切である。

❸ ボイスメール

留守番電話に残ったメッセージを聞く。会社の上司から，今後の仕事に関するボイスメールが届いており，それを聞いて自分がどうすべきかを判断する，といったものが典型的。You（あなた）に向けられたメッセージという点では「個人に向けた説明」と同じである。ただ，「すぐに〜をしてほしい」「明日の朝までに〜について連絡してほしい」など，緊急性が高いことが少なくない。

❹ ラジオ

ラジオから流れてくる英文を聞き取る問題。娯楽番組やスポーツ中継ではなく，天気予報や交通情報，近隣のイベントの案内，広告などがある。これらの情報を基に次にどう行動したらよいかを問う質問が多い。

攻略のコツ

SituationとQuestionを素早く正確に読む

まず，自分がどのような状況に置かれているのかを正確に読み取る。必要な情報をここで見逃すと正答に到達できない場合があるので，気を付けたい。SituationとQuestionの英語は短めだが，与えられた時間が合計で10秒しかないので，思ったよりも時間がない。特に試験本番では緊張や焦りが出ることがあるので，要注意である。

そこで，Part 3の指示文が放送され始めたら，すぐにSituationとQuestionを読むとよい。そして，SituationとQuestionを読む10秒が始まったら，選択肢に目を通す。選択肢は放送を聞くまで内容の意味がわからないことがあるので，どういう傾向の語句が並んでいるかを確認したり，キーワードと思える語句に印を付けたりする程度でよい。このように準備をして放送を待てば，流れてくる英文の内容をある程度予想することができ，聞く際に余裕が生まれる。それ以降の問題も，できるだけ前もってSituationとQuestionを読み，終始余裕を持って進められるようにしたい。過去問や本書を利用して，できるだけ実践に近い形での練習・対策をすることが効果的である。

条件を整理する

Situationには必ず何らかの条件が入っている。例えば，複数の人に業務が課されており自分はその1つに該当する，欲しいものがあるが予算が限られている，などである。そして，この条件に関する事柄が必ず放送文に含まれているので，事前に整理しておくと，余裕を持って聞くことができる。また，それらの条件に関する情報が流れ

てくるとわかっていれば，ある程度内容を予想することもできる。

数字に気を付ける

　放送を聞くときには，ほかのPartと違って数字が解答に必須となることがよくあるので，正確に聞き取り，メモを取ることが重要だ。

情報の順番に気を付ける

　放送文では，「あなた」が求める情報ややり方などの選択肢が示される。「あなた」が初めにやるべきことを聞き取ることが求められている場合でも，それが放送文の最初に出てくるとは限らない。中盤に出てくることもあれば，最後に出てくることもあるので，常に集中して聞く必要がある。また，少し聞いて正解／不正解を判断しても，その選択肢に対して追加の情報があって結論が変わる場合もあるので，最後まで集中して聞くようにしたい。

　放送文は比較的平易な構文だが，「〜の場合は」のような条件が入ることが多いので，それらを聞き逃さないようにしたい。具体的には，文の後半にif節が入り，「〇〇の場合は△△が可能」のように提示されることがあるので，注意して聞く必要がある。

4 Part 4 攻略ポイント

Part 4の問題形式と内容

ラジオやインターネットの配信番組のような設定で行われる1対1のインタビューを聞き，終了後に流れる2つの質問に答える。解答方法は4択の選択肢から正解を1つ選ぶ形式。

放送される音声　　　　　　　　　　※以下はp.164で練習問題として出題される問題です。

> This is an interview with Luc Dubois, a worker in a non-profit organization.
> ★ **Interviewer (I):** Welcome to the program. Today, I'm interviewing Luc Dubois. It's great to have you with us, Luc.
> ★ **Luc Dubois (L):** Well, it's great to be here.
> **I:** So, I understand that ...（略）

問題冊子

> *No. 1*　　**1**　There is more variety than he expected.
> 　　　　　　**2**　He has to do more research than he thought.
> 　　　　　　**3**　Dealing with the press can be difficult.
> 　　　　　　**4**　Data analysis is extremely important.
> （No. 2略）

インタビューの特徴

英文は600語程度のことが多い。会話はインタビューアーの質問にゲストが答える形で進む。質問内容はその職業・活動に関するもので，以下のような内容が多い。

・具体的にどんな仕事・活動内容なのか。

・なぜそれを始めたのか。

・その仕事のやりがいや困難な点は何か。

・ゲストまたはその業界の今後の展望はどうか。

・その職種を希望する人へのアドバイス。

本物のインタビューを基に作られているような印象を受ける問題で，自然な会話になっている。使われている語彙や構文は必ずしも難しくないが，**自然である分，Part 1〜3とは異なる難しさがある**。かなりスピードが速いものがあったり，きちんとした「文」ではなく語や句になっていたり，言い直しや省略なども含まれていたりする。発音が聞き取りにくいことも少なくないので，いっそう集中して聞く必要がある。

Questionのパターン

上記のとおり会話の方向性に一定の傾向があるので，質問も以下のようにそれに沿ったものが多い。
・〜についてゲストは何と言っているか。（「〜」の部分には会話の内容の一部が入る）
・その職業・活動で大切なことは何か。
・その職業・活動での困難な点は何か。
・その職業に就いた（活動を始めた）理由は何か。
・その分野は今後どうなっていくか。

選択肢の特徴

ほかのPartに比べ，それぞれの選択肢がやや長い。解答時間はほかのPartと同じ10秒なので，質問を聞いてから選択肢を読んでいては時間が足りない。多くの受験者は，事前に選択肢にざっと目を通しておかなければ対応できないだろう。

攻略のコツ

日ごろからインタビュー形式の英語に慣れておく必要がある。最近はインターネットなどを通じてさまざまな英語音声の入手が容易になった。ニュース番組でもインタビューが入ることがあるし，動画サイトでもさまざまなインタビューが視聴可能である。また，有名人へのインタビューを専門に取り上げるサイトもある。これらを積極的に活用して，力をつけてほしい。

5　リスニング全体攻略ポイント

　リスニング問題の全体的な攻略ポイントとして，本欄では「試験場で」「学習法」の2つの柱で述べたい。

試験場で：放送前～放送中

選択肢・質問に目を通す

　問題用紙に印刷されている各質問の選択肢には前もって目を通す。放送前に選択肢の意味を十分に理解することは難しいので，目立った語句に印を付けるだけでよい。これから流れる英文の内容がある程度予測できるので，効果は大きい。Part 3ではSituationとQuestionを読むことが必須だが，時間が限られているので，重要と思われる語句に印を付けながら効率よく読む練習を日ごろから心がけたい。

初めの部分に注意する

　冒頭を聞き逃すとトピックを捉えることが難しくなるので，特に集中して聞く必要がある。逆に，冒頭でテーマや場面・状況をしっかりと捉えることができれば，その後の展開を追いやすくなる。Part 2で放送されるタイトルも非常に重要である。

メモは効率よく

　重要語句や数字はしっかりとメモしておきたい。ただし，放送文を聞きながらメモを取ると，一部を聞き逃してしまうことがあるので，メモすることに時間を取られないよう，自分にわかる略語などでよい。

誰が何を言っているのかに注目する

　Part 1ではそれぞれの話者が言っている内容をしっかりと把握する。Part 2でも異なる主張が紹介されることが多いので，それぞれのポイントをしっかり押さえておく必要がある。これらは解答に直結する情報になることが多い。

試験場で：解答時

言い換え表現に気付く

　選択肢を選ぶ際には，言い換え表現に気を付ける必要がある。Part 3を除き，本文で使われている語句がそのまま正解の選択肢で使われていることは少ない。同義語，

類義語に言い換えられている場合がほとんどなので，注意して選択肢を読む。例えば，放送文に「犬を散歩に連れて行った」という英文があったとして，正解選択肢ではそれが「ペットの世話をした」となることがある。逆に，放送文と同じ語句が使われていても，不正解の選択肢になっていることが多いので，こちらも注意が必要。

情報の順序に気を付ける

Part 3では「初めにすべきこと」を聞かれることがよくあるが，その情報が放送文の初めにあるとは限らない。途中で出てくることもあれば，最後に出てくることもある。部分的に聞き取れた語句のみで判断すると危険なので，細部まで注意して聞く習慣を身に付けたい。ほかのPartも同様で，結論などが最後に来るとは限らないので，注意が必要である。

学習法

量を重視した対策も効果的

1級の受験を考えている方であれば，これまでいろいろな教材を通して学び，基礎的な力はついており，リスニングのコツなどの情報も持っていると思われる。ここからさらにリスニング力を向上させるためには，ある程度「量」にこだわった対策が重要である。英語学習はスポーツに似たところがあり，コツを理解していても，実際に体がそのとおりに動くようにするためには，繰り返し練習をすることで体に覚えさせることが重要となる。毎日一定量の英語を聞くことで，学んだコツが実際に身に付くし，これまでに学習したさまざまな表現に再び触れることもできるだろう。

現在，インターネットを中心に，リスニング教材となる無料の英語音源があふれている。どのようなものでもよいので，自分に合ったものを探し，少しずつでも毎日聞く習慣を身に付けてほしい。

過去問に数多く当たる

さまざまな英語の音声に触れることが重要だが，もちろん過去問もたくさん聞く必要がある。英検に限らず，試験には独特の雰囲気がある。また，問題の形式にも慣れる必要がある。そのためには，過去に出題された問題や本書のような教本に数多く触れ，英検問題の傾向や典型的なパターンを身に付けてほしい。

スクリプトを利用する

英文を聞く際は，ただ聞いて終わりではよくない。過去問でもそれ以外でも，4, 5

回聞いてわからない英文は，スクリプトを確認してから，再度聞くとよい。自分が聞き取れなかった箇所の特徴などを知ることができ，弱点の克服につながるだろう。

語彙力・文法力を高める

　リスニングのスクリプトを読んでもスムーズに理解できないのであれば，聞き取りそのものの力より，語彙力・文法力などの基礎が不十分な可能性が高い。もし，特にPart 2やPart 4で，英文を読んでも理解が難しい場合には，リーディング力を伸ばすことも検討するとよいだろう。リーディングを通して語彙力や文法力などの基礎力を高め，リーディング力とリスニング力の両方を伸ばすのは効果的な手段である。

発音を鍛える・音読・シャドーイング

　自分で発音できる音は聞き取りやすくなると言われている。発音のトレーニングを通じて英語の音の仕組みに慣れることで，リスニング力の向上が期待できる。英語の音と音のつながり（リンキング）などのコツを知れば，その知識はリスニングにも役立つので，お勧めしたい。

　それに役立つ方法の1つが音読だが，発音の向上に役立つことはもちろん，英語の総合力の向上に役立つと言われている。良質の英文をしっかり理解した上で音読を繰り返すことにより，その英文がインプットされ，語彙力，文法力など英語力全般の向上が期待できる。

　シャドーイングもお勧めであり，近年実践をする人が増えている。流れてくる英文とほぼ同時に（0.5〜1秒くらい遅れて）発音する。リスニング力が鍛えられるとともに，英語の発音（特に英語独特のリズムなど）の向上も期待できる。

さまざまな英語に慣れる

　日本国内で触れることのできる英語はアメリカ英語が中心だが，1級のナレーターにはイギリス人も含まれる。現在では，インターネットを中心にイギリス英語に簡単にアクセスできるので，普段アメリカ英語に触れることがほとんどという方は，意識してイギリス英語に触れてほしい。

さまざまな話題に精通する

　英検1級の問題は世の中の新しい動きを紹介することが多いので，普段から広い範囲の話題に関心を持つことが大切である。英語で聞く素材を選ぶ際に意識してほしいが，それ以外に日本語のニュースなども含めて，アンテナを広げておきたい。

Chapter 2
Part 1 練習問題

Unit 1 Learn 問題＋Imply 問題))) 001-007 解答・解説 ▶ p.34

No. 1 **1** She is likely to be fired soon.
2 She has upset a major client.
3 She is affecting her coworkers' moods.
4 She has been demanding more freedom.

No. 2 **1** He frequently bothers the other students.
2 He does not study enough at home.
3 He is sometimes rude to the teacher.
4 He performs very well in one subject.

No. 3 **1** He had never read a fantasy novel before.
2 He prefers reading about the real world.
3 He does not like to lend his books to others.
4 He usually finds fantasy characters exciting.

No. 4 **1** It is using the wrong type of machine.
2 It should have hired more technicians.
3 It does not take care of the machine properly.
4 It should have trained its technicians better.

No. 5   **1**   The article was unfair to the mayor.
              2   People were foolish to trust the mayor.
              3   People will continue to support the mayor.
              4   The mayor should not have been arrested.

No. 6   **1**   The man does not know the town well.
              2   There are many places that sell sandwiches in town.
              3   It is likely the man will soon visit the fish market.
              4   It is possible to regularly discover new things about the town.

No. 7   **1**   It may be possible to have the rent reduced.
              2   It has been getting fewer customers.
              3   The mall does not want to renew the lease.
              4   The manager is not doing a good job.

No. 1 解答 **3** スクリプト・全訳))) 001

★ : I think we need to talk about Paula and all her grumbling.

★ : Yes, it's becoming a lot more frequent, isn't it?

★ : Two of her coworkers approached me confidentially today and said her hostility toward the company is affecting the whole section's morale.

★ : Do you think we should let her go? We've already spoken to her about this.

★ : She's indispensable at the moment due to her close relationship with our biggest clients. We can't afford to lose them.

★ : This is a tough one. Maybe Luis will have some ideas.

Question: What is one thing we learn about Paula?

★ : ポーラと彼女の不平不満について話す必要があると思うんだ。

★ : ええ，彼女の不平不満はとても頻繁になっているわよね。

★ : 彼女の同僚2人が今日内緒で僕のところに来て，会社に対する彼女の敵意が部署全体の士気に影響していると言うんだ。

★ : 彼女に辞めてもらうべきだと思う？　このことはもう彼女に話してあるわ。

★ : 今のところ彼女は不可欠なんだ。彼女は最大の得意先と親密な関係を築いているからね。彼らを手放す余裕はないよ。

★ : 難しいね。ルイスならいい考えがあるかもしれない。

質問：ポーラについてわかることの1つは何か。

選択肢の訳 **1** 彼女は間もなく解雇される可能性が高い。
2 彼女は大きな得意先を怒らせた。
3 彼女は同僚の気分に影響を与えている。
4 彼女はもっと自由が欲しいと要求している。

解説 ポーラは自社に不満を持っており，それが同僚の士気（morale）に悪影響を与えているので，**3** が正解。一方で，彼女は得意先と close relationship を築いているので，部署にとって indispensable「不可欠」である。これが **1** と **2** に反するので，それぞれ不正解となる。

★★ : Ms. Patterson, your son tends to get distracted sometimes, but on the whole, he is a pleasure to teach. He's full of curiosity and always asks me loads of questions.

　★ : I'm afraid he's like that at home as well. Is he disturbing you in class?

★★ : Oh no, quite the opposite. Asking questions is essential in learning, so I don't think it's a problem at all. Actually, when it comes to math, he's one of the best students in class.

　★ : I didn't know that. How is he getting along with his classmates?

★★ : Well, he does get into quarrels sometimes, but that happens to every student. He seems to have several good friends.

Question: What do we learn about the woman's son?

★★ : パターソンさん，息子さんは時々気が散る傾向がありますが，全体的に見て，彼に教えるのは楽しいです。彼は好奇心のかたまりで，いつも大量の質問をしてきます。

　★ : 恥ずかしながら，あの子は家でもそうなんです。授業でご迷惑をおかけしていますか。

★★ : とんでもない，正反対ですよ。質問をするのは学びにおいて本質的なことですから，問題だとはまったく思いません。実のところ，数学に関しては，彼はクラスで最も成績がいい生徒の 1 人です。

　★ : それは知りませんでした。クラスメートとの仲はどうですか。

★★ : まあ，時にはけんかになることもありますが，どの生徒にもあることです。仲のよい友人が何人かいるようですよ。

質問：女性の息子についてわかることは何か。

選択肢の訳　**1** 彼は頻繁にほかの生徒に迷惑をかける。
　　　　　　2 彼は家で十分に勉強していない。
　　　　　　3 彼は時々教師に対して失礼だ。
　　　　　　4 彼は 1 つの教科で成績がとてもよい。

解説　男性の 2 つ目の発言から，女性の息子は数学の成績がとてもよいことがわかるので，正解は **4**。one of the best students が選択肢では performs very well と言い換えられている。**1** は frequently が誤り。**2** と **3** の内容は述べられていない。

No. 3 解答 **2** スクリプト・全訳))) 003

☆： What did you think of that novel that I lent you?

★： I wasn't really impressed, to be honest. I guess I'm just not that interested in stories with fantasy settings.

☆： Really? But the characters are so well-written that the setting hardly matters.

★： Maybe, but I'm much more into books about tangible things, like history or science.

☆： Don't they get boring?

★： Not really. I mean, some historical figures are more exciting and heroic than anything you'd read in fiction.

☆： Does that make fantasy superfluous? Well, I'll know what *not* to lend you in the future.

Question: What do we learn about the man?

☆： 私が貸した小説のことをどう思った？

★： 正直に言って，それほど感銘を受けなかったな。どうやら僕は設定がファンタジーの物語にはそれほど興味がないみたいだ。

☆： 本当に？　でも，登場人物がすごくうまく書かれているから，設定はほとんど重要ではないわ。

★： そうかもしれないけど，僕は歴史や科学のように実在するものに関する本の方にずっと興味があるんだ。

☆： 退屈にならない？

★： そんなことはないよ。つまり，歴史上の人物の中には，フィクションで読むようなどんなことよりわくわくさせてくれる英雄的な人がいるよ。

☆： だからと言ってファンタジーが不要だということになる？　それなら，今後あなたに何を貸すべきでないかがわかるわね。

質問：男性について何がわかるか。

選択肢の訳 **1** 彼はファンタジー小説を読んだことがなかった。
2 彼は現実世界に関するものを読むことの方が好きだ。
3 彼は他人に自分の本を貸すのを好まない。
4 彼はたいていファンタジーの登場人物はわくわくさせると思っている。

解説 男性は最初の発言でファンタジーにはあまり興味がないと言い，続いて，歴史や科学などの tangible「触れられる，実質的な」なものが好きだと言っている。be into「～にのめり込んでいる」，superfluous「不必要な，余分な」。

No. 4 解答 **3** 　**スクリプト・全訳**　　　　　　　　　　　　　　　�})) 004

★★： Brad, I just got a call from CoreTech Inc. They're furious because the packaging machine we shipped to them in January is malfunctioning again.

★： What? Last time I sent Gary out there, he said their technicians had installed it improperly.

★★： Yes, and he also said that they run it longer than the specifications allow and are ignoring the maintenance schedule.

★： Well, I guess we have no choice but to send Gary again, but if they're not following our guidelines, they're going to have to cover all his expenses.

Question: What does the woman imply about CoreTech Inc.?

★★： ブラッド，コアテック社からちょうど電話があったの。1月にうちが出荷した包装機がまた不具合で，先方はかんかんに怒っているわ。

★： ええ？　前回，ゲリーを派遣したときは，彼はあちらの技術者が間違った取り付け方をしていたと言っていたよ。

★★： そうね。それに，あちらは仕様の許容範囲を超えて長時間機械を稼働させ，メンテナンスのスケジュールを無視しているともゲリーは言っていたわ。

★： そうだな，こちらとしてはゲリーにもう一度行ってもらうしかなさそうだけど，もしあちらがこちらのガイドラインに従っていないのなら，彼の出張費をすべて支払ってもらうことになるね。

質問：コアテック社について女性は暗に何と言っているか。

　選択肢の訳　**1** 間違ったタイプの機械を使っている。
　　　　　　2 技術者をもっと雇うべきだった。
　　　　　　3 機械を適切に管理していない。
　　　　　　4 もっと技術者を教育すべきだった。

　解説　女性の2つ目の発言がポイント。コアテック社が仕様を超える長さで機械を使ったり，正しくメンテナンスを行っていなかったりという事実を述べているので，機械の不具合の原因はそこにあると考えていることがわかる。

No. 5 解答 **3** **スクリプト・全訳**)) 005

★: Look at this article, honey.

★: Oh, I saw that. That's going to shake up the city election.

★: I can't believe the mayor has been accused of taking bribes.

★: Well, the evidence seems pretty convincing. She might be headed for prison.

★: But the mayor has such a reputation for sincerity, and she was responsible for that crackdown on corruption a few years ago. Don't you think people will stand by her?

★: I don't know. I guess we'll find out on election day.

Question: What does the man imply?

★: ねえ，この記事を見てよ。

★: ええ，見たわ。市の選挙を揺るがすことになるわね。

★: 市長が収賄で告訴されたなんて信じられないな。

★: うーん，証拠はかなり説得力があるみたい。彼女は刑務所行きかもね。

★: でも市長は誠実さで評判だし，数年前はあの汚職取り締まりの責任者だったんだよ。人々は彼女の味方になると思わない？

★: わからないわ。きっと選挙の日にわかるわね。

質問：男性は暗に何と言っているか。

選択肢の訳　**1** その記事は市長に対して不当だった。
2 市長を信用するなんて人々は愚かだった。
3 人々は引き続き市長を支持するだろう。
4 市長は逮捕されるべきではなかった。

解説　男性は３つ目の発言で市長のよい点を挙げており，市長の汚職を信じられずにいる様子が見られる。また，最後の文から，人々の市長への支持が変わらないだろうと考えていることがわかる。

No. 6 解答 **4** スクリプト・全訳))) 006

★★： Hi, Olly. Mmm, that sandwich smells good! Where did you get it?

★： From a place downtown called Fresh. I go there once in a while for lunch.

★★： I've never heard of it.

★： Well, it's been there for years. It's not a very well-known shop, I guess. You know where the big fish market is, right? It's in the lane just to the right of that. You don't have to fork over a lot of cash for a good meal there, either.

★★： Wow, I grew up here but still find out something new about this town every day.

Question: What does the woman imply?

★★： こんにちは，オリー。んー，そのサンドイッチはいい匂いね！　どこで買ったの？

★： 繁華街にあるフレッシュという店さ。時々昼食を買いに行くんだ。

★★： 聞いたことないわ。

★： いや，何年もあそこにあるよ。あまり有名な店ではないんだろうな。大きな魚市場がどこにあるかわかるよね。そのすぐ右側の通りにあるよ。それに，そこではそんなにお金をかけなくてもおいしい食事を食べられるよ。

★★： へー，私，ここで育ったのに，まだ毎日この町の新しいことを発見するわ。

質問：女性は暗に何と言っているか。

選択肢の訳　**1** 男性は町のことをよく知らない。
2 町にはサンドイッチを売る店がたくさんある。
3 男性はすぐに魚市場に行く可能性が高い。
4 町について頻繁に新しいことを発見することができる。

解説　女性の最後の言葉に彼女の気持ちが表れている。この町に長く住んでいるのに，いまだに something new を見つけることに彼女は驚いている。本文の find out を **4** では discover と言い換えている。fork over「（大金）を払う」。

No. 7 解答 **1** スクリプト・全訳))) 007

★ : OK, the next item on our agenda is the lease for the Weston Mall branch of our store. I believe you've been in communication with the manager, Josh Cunningham, right, Julia?

★ : Yes, Alex. The lease expires in September. Just as a refresher, our store has been there for the past eight years and this will be the second renewal. The rent is relatively high, though.

★★ : It's quite a profitable location, though, isn't it?

★ : That's right, Juan. And apparently, there are several vacancies in the mall already, so we might be in a strong position to negotiate a small reduction in the rent.

★★ : That's assuming we don't want to relocate, though. Is traffic in the mall down these days?

★ : Well, according to Josh, there's less traffic in the mall overall, but a huge seniors' apartment building went up last year a few hundred yards away from the mall, and people over 50 are one of the main target markets for our drugstores, so customer numbers are solid.

★ : The sales figures were decent, then?

★ : Yes, Josh is one of our most capable people. There was even a slight rise in the last quarter.

★ : It sounds like we should stay put, then.

Question: What does the woman imply about the Weston Mall branch?

★ : では，次の議題は当店のウエストン・モール支店の賃貸契約です。店長のジョシュ・カニングハムとは連絡を取っていると思いますが，そうですよね，ジュリア。

★ : ええ，アレックス。賃貸契約は9月に期限を迎えます。念のため申し上げますと，わが社のその店舗は過去8年その地にあり，今回が2回目の更新です。家賃はやや高いですが。

★★ : でもかなりの収益がある場所ですよね。

★ : そのとおりです，フアン。それに，どうやらそのモールには既にいくつかの空きがあるようなので，交渉して賃貸料を少し下げてもらうには有利な立場にいるのかもしれません。

★★ : でもそれは移転を望まないことが前提の場合ですよね。最近のモール内の人通りは減っていますか？

★ : えー，ジョシュによると，モール全体の人通りは減っていますが，昨年，モールから数百ヤードの所に巨大な高齢者向けアパートが建ちました。50歳以上の人が私

たちのドラッグストアの主要なターゲット市場の1つなので，顧客数は安定しています。

★： それなら，売り上げはまあまあだったということだね。

☆： はい，ジョシュはわが社で最も優秀な人物の1人です。前の四半期の売り上げはわずかですが伸びてすらいます。

★： それなら，動かない方がよさそうですね。

質問： ウエストン・モール支店について女性は暗に何と言っているか。

選択肢の訳　1 賃貸料を下げてもらうことが可能かもしれない。
2 顧客が減っている。
3 モール側は賃貸契約を更新したくない。
4 店長の仕事ぶりはよくない。

解説　男性は2人いるのでどの意見がどちらの者なのかがわかりにくいが，女性は1人なので，情報を整理しやすい。女性の2つ目の発言の vacancies「空き」，negotiate「交渉して〜を得る」，reduction「減少」などがヒント。モール内の人通り (traffic) は減っているが，この企業が経営するドラッグストアは顧客が減っておらず順調なので，賃料を下げてもらえそうだと示唆している。refresher「思い出させるもの」，stay put「同じ所にいる」。

Unit 2 Why/Problem 問題

))) 008-013 解答・解説 ▶ p.44

No. 8
1 Her injury is worse than first thought.
2 The result of her blood test was unusual.
3 Her cancer has become more serious.
4 There was something worrying in the X-rays.

No. 9
1 The woman reads many kinds of books.
2 The woman does not watch TV.
3 He did not expect to see the woman today.
4 He likes the same author as the woman.

No. 10
1 Its design is not attractive.
2 It costs more than the others.
3 It would not fit in their dining room.
4 It is not made of real wood.

No. 11　**1**　His client is unwilling to pay what they owe his company.
　　　　　2　He has to lay off some of his colleagues.
　　　　　3　His boss may get angry with him.
　　　　　4　He needs to get a better job.

No. 12　**1**　Weak sales of a new product.
　　　　　2　A drop in consumer spending.
　　　　　3　The lack of TV advertising.
　　　　　4　The number of job cuts this year.

No. 13　**1**　Surfaces were not kept clean enough.
　　　　　2　New staff may not have been properly trained.
　　　　　3　Raw and cooked meat were left out overnight.
　　　　　4　Staff do not wash their hands often enough.

No. 8 解答 **2** スクリプト・全訳)) 008

★： Mr. Abrams, I've examined your mother's X-rays, and there are no fractures in her ribs.

★： Oh, that's a relief. We were terrified when she fell down the stairs.

★： However, there was an abnormality in her blood test. In some cases, it can be an indication of cancer, although the odds are quite low.

★： Oh no.

★： For now, there's nothing to worry about, but as a precaution, I'm going to refer her to a specialist. Her name is Dr. Adler. We'll have her office contact you within a few days.

Question: Why does Mr. Abrams's mother need to see a specialist?

★： エイブラムズさん，お母さまのレントゲン写真を確認しましたが，肋骨に骨折はありません。

★： ああ，ほっとしました。母が階段から落ちたときは怖かったです。

★： しかし，血液検査で異常が見つかりました。場合によっては，確率はとても低いのですが，がんの兆候の可能性があります。

★： ええっ。

★： 今のところ心配には及びませんが，念のため，お母さまを専門医に紹介します。名前はアドラー医師です。数日以内に彼女の診療所からお宅に連絡してもらいます。

質問： なぜエイブラムズさんの母親は専門医に診てもらわなければならないのか。

選択肢の訳 **1** 彼女のけがが最初に考えられていたよりも悪い。
2 彼女の血液検査の結果が普通ではなかった。
3 彼女のがんがより深刻になっている。
4 レントゲン写真に心配なことがあった。

解説 男性は母のけがを心配しているが，骨折ではないことが伝えられてほっとしている。しかし，血液検査の結果に異常が見られる。医師が，確率は低いががんの可能性があると言っているので，これが専門医に診てもらう理由である。

No. 9　解答　**1**　スクリプト・全訳　))） 009

☆： I'd like to check out these three books, please.

★： Certainly, ma'am. Wow, a historical romance, a whodunit, and a political biography! You do have quite a variety of tastes in reading!

☆： You could say that, I suppose. I hardly watch any TV or look at websites. Books are my main source of information, so they need to cover many fields. Don't you need to see my card?

★： Yes, please. Thank you. Remember, these are due back in two weeks.

☆： Oh, I'm sure I'll be back before then.

Question: Why was the man surprised?

☆： こちらの3冊を借りたいのですが。

★： かしこまりました。わあ，歴史ロマンスに推理小説，政治家の伝記ですか！　読書の好みがとても幅広いですね！

☆： 確かにそうですね。私はほとんどテレビやウェブサイトを見ないんです。本が主な情報源なので，多くの分野をカバーする必要があるんです。カードを見なくていいんですか。

★： 拝見します。ありがとうございます。返却期限は2週間ですので，お忘れなく。

☆： あら，それより前にきっと戻って来ますよ。

質問： なぜ男性は驚いたのか。

選択肢の訳　**1** 女性がいろいろな種類の本を読む。
　　　　　　2 女性がテレビを見ない。
　　　　　　3 今日女性に会うとは思っていなかった。
　　　　　　4 女性と同じ作家が好きだ。

解説　　図書館での会話。男性の最初の発言にある quite a variety of tastes in reading が直接のヒント。もしそれが聞き取れなくても，その前後のやりとりからも類推したい。男性は最初にいろいろな種類の本を挙げているし，女性も次に多くの分野をカバーすると言っている。whodunit「推理小説」（Who done it? から）。

No. 10 解答 4 スクリプト・全訳))) 010

★： Look at this table, honey. It would look great in our dining room.

★： It's longer than our current one, but I suppose it would fit.

★： And look at the price. It's much more affordable than the others we've been looking at. I wonder what it's made of.

★： Oh, it's artificial wood. I'm afraid that's a deal breaker for me. It's a shame since the design is fabulous.

★： OK, I guess we can keep looking, then.

Question: What is the problem with the table?

★： ねえ，このテーブルを見てよ。うちのダイニングに置いたらすごくいいんじゃないか。

★： 今うちにあるテーブルより長いけど，入ると思うわ。

★： それに値段を見てよ。今まで見ていたほかのテーブルよりずっとお手ごろだ。何でできてるのだろう。

★： まあ，人工木材よ。悪いけど，それじゃ買う気がうせるわ。デザインは素晴らしいのに残念ね。

★： わかった。じゃあ，探し続けよう。

質問：そのテーブルは何が問題か。

選択肢の訳　**1** デザインが魅力的ではない。
2 ほかよりも値段が高い。
3 彼らのダイニングルームに収まらない。
4 本物の木材で作られていない。

解説　このテーブルが artificial wood「人工木材」でできているとわかったところで，女性がそれは deal breaker だと言っている。deal「取引」を break「壊す」のだから，「取引をやめる要因」という意味になる。つまり，ここではそれを買うのをやめるということ。直後の shame と男性の keep looking もヒントになる。

No. 11 解答 **3** **スクリプト・全訳**))) 011

★★： I still can't believe we're going to lose that client.

★★： Yes, we worked for them for over 30 years. It's terrible to estimate the amount of money we're going to lose.

★★： When should we tell the president?

★★： We? Since you're the supervisor of the client's account, I think you should tell him.

★★： I guess you're right. But I wonder how he'll react. He'll probably get upset and might even fire me.

★★： Don't worry. It wasn't your fault. They wanted to cut back and just couldn't justify our fees anymore. So they chose a lower bid.

★★： Yeah, well, I hope it comes out that easy when I'm talking to the president.

Question: What is the man's problem?

★★： あの顧客を失うなんて，まだ信じられないよ。

★★： そうね，うちはあそこのために 30 年以上仕事をしてきたんだからね。失うことになる金額を推定すると恐ろしいわ。

★★： 僕たちはいつ社長に話したらいいだろう。

★★： 僕たち？ あなたがその顧客の責任者なのだから，あなたが話すべきだと思うわ。

★★： そのとおりなんだろうね。でも，どんな反応をするだろう。たぶん怒るだろうし，僕は解雇さえされるかもしれない。

★★： 心配しないで。あなたのせいじゃないわ。あちらは切り詰めたくて，うちの料金がもう見合わないと判断しただけのことよ。だから安い金額を提示した方を選んだのよ。

★★： うん，まあ，社長と話すときにそんなふうに簡単に話せたらいいんだけど。

質問：男性の問題は何か。

選択肢の訳 **1** 彼の顧客が彼の会社への債務を支払いたがらない。

2 彼は同僚の何人かを解雇しなければならない。

3 上司が彼に対して怒るかもしれない。

4 彼はよりよい仕事を得る必要がある。

解説 男女の最初のやりとりから，長年の顧客を失ったのだとわかる。そして男性の 3 つ目の発言から，社長にそのことを話さなければならないが，怒られて解雇されるかもしれないと不安に思っていることがわかる。2 人とも社長に話したくない様子であることもヒントになる。

No. 12 解答 **1** 　スクリプト・全訳　　　　　))) 012

★: Hello, Janet. It seems that sales for our new educational software are fairly stagnant. Any ideas why this might have happened?

★: Well, disposable income for consumers is at an all-time high, so that's definitely not a problem. Our TV advertising campaign has been quite popular, so the word of our product is definitely getting around.

★: That makes me even more concerned. This was supposed to be our big hit of the summer. If things don't start picking up soon, we could be forced to lay off some employees as early as next year.

★: Product sales do tend to be slow during the summer break, but as our back-to-school campaign starts, sales should begin to rise.

★: I hope you're right.

Question: What is the man concerned about?

★: やあ，ジャネット。わが社の新しい教育ソフトの売り上げがかなり停滞しているようだね。何かこうなった理由は考えられるかい？

★: えーと，消費者の可処分所得はこれまでになく多いので，絶対にそれは問題ではありません。テレビ CM キャンペーンは非常に人気を博していますので，製品のうわさは確実に広まっています。

★: そうなると，なおさら気になるな。これはわが社のこの夏の大ヒットになるはずだったんだ。すぐによくなり始めないようなら，早ければ来年にも従業員の一部を一時解雇しないといけないかもしれない。

★: 製品の売り上げは夏休み中は確かに落ちる傾向がありますが，学校が始まる時期のキャンペーンが始まれば，売り上げは伸び始めるはずです。

★: そうだといいな。

質問：男性が気にかけていることは何か。

選択肢の訳　**1** 新製品の売り上げが伸びないこと。
　　　　　　2 消費者支出が落ちていること。
　　　　　　3 テレビ CM がないこと。
　　　　　　4 今年削減する人員の数。

解説　最初の発言で，男性が何を気にしているかが出てくる。sales, educational software, stagnant がキーワード。わからない語があっても，それ以降の話の展開から売り上げが伸びていないことを理解したい。disposable income「可処分所得」。

☆ : Now, as you both know, a customer got mild food poisoning here last week. That absolutely cannot happen again.

☆☆ : We all feel bad about it, Ms. Johnson.

☆ : I'm sorry, but feeling bad isn't good enough, Becca. We have to be more careful about handling and preparing food.

★ : But we follow all the hygiene rules, don't we?

☆☆ : Yeah, Marvin, and we always remind each other to do so. We're careful about washing our hands and keeping surfaces clean.

☆ : Is it possible that raw meat was left out overnight?

★ : No way. We've been doing this for years.

☆☆ : It has to be one of the new recruits. They were supposed to take a 3-day food safety course, but almost none of them did.

☆ : Why didn't you tell me this earlier?

☆☆ : Sorry, boss.

☆ : No, it's my fault. I'm the head chef and have to keep a close eye on everything. From now on, let's all try to do better.

★ : I agree. I'll think of what we could do to make sure this won't happen again.

Question: What do these people conclude is the main issue?

☆ : さて，2人とも知っているとおり，先週，うちの店でお客さまが軽い食中毒になったわ。もう絶対に二度と起きてはいけないことよ。

☆☆ : みんな申し訳なく思っています，ジョンソンさん。

☆ : 悪いけど，申し訳ないでは不十分よ，ベッカ。私たちは食べ物の扱いと調理にもっと注意しなければならないわ。

★ : しかし，私たちは衛生規定には全部従っていますよね。

☆☆ : そうよね，マービン。それに私たちはそうするよういつもお互いに注意し合っています。手を洗って，調理台を清潔に保つよう気を付けています。

☆ : 生肉を一晩放置した可能性はある？

★ : あり得ません。何年もこの仕事をやっているんですから。

☆☆ : きっと新人の誰かだわ。彼らは3日間の食品安全講習を受講することになっていたけど，ほぼ誰も受けなかったんです。

☆ : どうしてそれをもっと早く言ってくれなかったの。

☆☆ : すみません。

☆ : 違うわ，私の責任よ。私が料理長なんだから，すべてに対してしっかり目を光らせ

なければならないの。これからは，もっとしっかりするようみんなでがんばりましょう。

★： 賛成です。こういうことを二度と起こさないように何ができるか，考えてみます。

質問： この人たちの結論によると，何が主要な問題か。

選択肢の訳 **1** 調理台が十分に清潔に保たれていなかった。

2 新しいスタッフが適切に訓練されていなかったかもしれない。

3 生肉と調理済み肉が一晩中放置されていた。

4 スタッフが十分な回数の手洗いをしていない。

解説 序盤の会話から，食中毒を出してしまったことについてレストランの料理長の女性とスタッフの男女が話し合っているとわかる。スタッフの2人は衛生規定に従っていたので，原因は必要な講習を受けなかった新人ではないかとスタッフの女性が示唆している。料理長とスタッフの男性はそれを聞いて今後どう対応するかを話しているので，正解は**2**。

No. 14 **1** It costs a lot of money to go there.
2 It has a very good reputation.
3 It is easy to get a scholarship there.
4 It is famous for its business courses.

No. 15 **1** They should not have been transplanted.
2 They are having trouble getting water.
3 They are probably going to die.
4 They may not bloom this year.

No. 16 **1** It was quite amusing.
2 It was not clear enough.
3 It should not have been so sad.
4 It did not seem realistic.

Chapter 2 Part 1 練習問題

No. 17　**1**　Their new business is related to animals.
　　　　　2　The head of the department is not trustworthy.
　　　　　3　There will be restructuring in the department.
　　　　　4　There was no internal company fraud.

No. 18　**1**　They are worried that valuable assets may be lost.
　　　　　2　They are worried they will have to work harder.
　　　　　3　They think the workers should plan to take over the company.
　　　　　4　They want the boss to spend more time with his employees.

No. 19　**1**　It will result in job cuts at their firm.
　　　　　2　It will be good for the shareholders.
　　　　　3　It might mean a promotion for her.
　　　　　4　It will not affect the engineering department.

★ : Have you heard back from any of the universities you applied to, Ming?

★ : Yes, I got a letter of acceptance from McCormick University.

★ : Oh, that's a very prestigious school. Are you going to accept it?

★ : Well, I'm waiting for responses from the other places I applied to first. I'm not sure if I can afford the tuition at McCormick.

★ : Is there any chance they'd offer you a scholarship? A degree from there would really impress prospective employers.

★ : It's a possibility. I bet the scholarships are extremely competitive, though.

Question: What does the man say about McCormick University?

★ : ミン，応募した大学のうち，どこかから返信があった？

★ : ええ，マコーミック大学から合格の知らせをもらったわ。

★ : へえ，そこはすごい名門校だよ。そこに行くの？

★ : うーん，まずは応募したほかの大学からの返事を待っているのよ。マコーミックの授業料を払えるかどうかわからないわ。

★ : 大学から奨学金をもらえる可能性はないの？　あそこで学位を取れば，確実に就職で将来の雇い主の印象に残るよ。

★ : それは可能性の１つね。でも奨学金はものすごく競争率が高いはずよ。

質問： マコーミック大学について男性は何と言っているか。

選択肢の訳　**1** そこに通うにはとてもお金がかかる。
　　　　　　2 評判がとてもいい。
　　　　　　3 そこで奨学金を得るのは簡単だ。
　　　　　　4 ビジネスコースで有名だ。

解説　大学受験中の女性が，ある大学に合格したものの，そこは授業料が高いので迷っている。それに対し，男性はその大学は名門だから就職に有利だと進学を勧めている。prestigious を good reputation で表した **2** が正解。**1** の内容を話しているのは女性の方である。

No. 15 解答 **2** スクリプト・全訳))) 015

★： Are those the lilies you transplanted?

★★： Yes, I heard you have to do it every few years or they'll stop blooming. I'm afraid I've done something wrong, though.

★： Actually, it's normal for them to droop a bit. The smallest roots are often damaged during the transplanting process, and they're the ones that absorb most of the moisture from the soil.

★★： Oh, so you think they'll pull through?

★： Sure. The roots should recover soon, and we're supposed to get lots of precipitation in the next few days, so that will help.

Question: What does the man say about the lilies?

★： それはあなたが植え替えたユリですか？

★★： ええ，数年おきに植え替えないと花が咲かなくなると聞きました。でも，何か間違えたみたいです。

★： 実際のところ，ユリが少し垂れ下がるのは，普通です。最も小さい根は移植時にしばしば損傷します。土壌から水分のほとんどを吸収するのはその小さな根です。

★★： ああ，では，持ち直すと思いますか？

★： ええ。根はすぐに回復するはずです。これからの数日で雨がたくさん降ると思われるので，それが助けになります。

質問：ユリについて男性は何と言っているか。

選択肢の訳 **1** 植え替えられるべきではなかった。
2 水を吸収しにくくなっている。
3 おそらく枯れてしまう。
4 今年は花を咲かせないかもしれない。

解説 女性はユリの植え替えに失敗したのではないかと心配しているが，男性は，ユリが垂れるのはよくあることだと言っている。移植時にしばしば根が損傷する，根が水分を吸収すると言っており，つまりこのユリは水を吸収しづらくなっているのだとわかる。droop「垂れ下がる」，pull through「回復する，持ち直す」。

No. 16 解答 **2** 　スクリプト・全訳　　　　　))) 016

★★： Oh, you're reading *River of Flowers*.

★★： Yes, I just finished it. The moral dilemmas it presented were quite thought-provoking.

★★： That's for sure. And the author certainly has a witty writing style, doesn't she?

★★： Yes, there were moments where I was nearly in tears, and then something absolutely hilarious would happen.

★★： I was a bit frustrated with how the novel wraps up, though. It was so ambiguous.

★★： Well, I think there's going to be a sequel. I'm sure we'll find out exactly what became of the main character.

Question: What does the woman say about the novel's ending?

★★： あ、『花の川』を読んでるのね。

★★： うん、ちょうど終わったところさ。物語で示されている道徳的なジレンマにはとても考えさせられたよ。

★★： 本当にそうよね。それに、作者の文体は本当に軽妙だよね。

★★： そうなんだ。涙が出そうな瞬間があるかと思えば、その後に本当に大笑いしちゃうようなことが起きたりするんだ。

★★： ただ、小説の終わり方にちょっと納得がいかなかったわ。とても曖昧だった。

★★： そうだなあ、僕は続編があると思うよ。主人公がいったいどうなったのか、きっとはっきりするよ。

質問：小説の結末について女性は何と言っているか。

選択肢の訳　**1** とても面白かった。
2 あまりはっきりしていなかった。
3 それほど悲しくするべきではなかった。
4 現実味があるようには見えなかった。

解説　wrap up は「仕上がる、終わる」。女性は小説の終わり方に対して frustrated だと述べ、さらにそれは ambiguous だったと言っている。これを言い換えたのが **2** の not clear enough。witty「軽妙な、機知に富んだ」、hilarious「陽気な、とても愉快な」。

Chapter 2　Part 1 練習問題 解答・解説

55

No. 17 解答 **2**　スクリプト・全訳　》)) 017

★： Hey, Jane, did you know that there was a special audit in the sales department yesterday?

★： No, but I'm not surprised. The head of that department has always struck me as being a shifty character.

★： So do you think there may have been some monkey business going on?

★： Well, you know what they say. There's no smoke without fire.

★： Oh, really? If that's the case, maybe I should be glad that I've never been asked to work with him.

Question: What does the woman say about the sales department?

★： やあ，ジェーン，昨日営業部で特別監査があったって知ってる？

★： 知らなかったけど，驚かないわ。いつも営業部長は信用できない人だという印象を持っていたから。

★： つまり，何かいんちきがあったかもしれないと思っているの？

★： ほら，よく言うでしょ。火のない所に煙は立たぬって。

★： そうなの？　もしそうなら，僕は彼と一緒に働くように言われたことがなくてよかったのかも。

質問： 女性は営業部について何と言っているか。

選択肢の訳　**1** 新しい事業は動物と関係がある。

　　　　　2 部長は信頼できない。

　　　　　3 部内で組織再編が行われる。

　　　　　4 会社内部での不正行為はなかった。

解説　　企業内での同僚の会話。キーワードは audit「監査」，shifty「信用のおけない，ごまかしの多い」，monkey business「いんちき」で，知らない語があっても話の流れから推測したい。女性は不正が行われていてもおかしくないと思っており，shifty を not trustworthy と言い換えた **2** が正解。strike *A* as *B*「*A* に *B* という印象を与える」。

No. 18 解答 **1** スクリプト・全訳))) 018

★: Hi, Emma, did you hear about the boss's plan to get rid of all our overseas facilities?

☆: Yeah, I sure did. The way I'd sum things up is that there is a danger of throwing out the baby with the bathwater.

★: I couldn't agree with you more. I realize that some of them need to go, but maybe we need to show the boss that he may be going too far.

☆: Agreed. Let's work on a coordinated strategy to present at next week's staff meeting.

Question: What do these people think of the situation?

★: やあ，エマ，社長がわが社の海外の施設をすべて撤去する予定だって聞いた？

☆: ええ，確かに聞いたわ。私なりに状況を要約するなら，いらないものと一緒に大事なものもなくしてしまう危険があるってことね。

★: まったく同感だね。いくつか処分した方がいい所があるのはわかるけど，やり過ぎかもしれないって社長に示す必要があるかもしれないね。

☆: 同感。来週のスタッフ会議で提示する共同戦略に取りかかりましょう。

質問: この人たちは状況をどう考えているか。

選択肢の訳　**1** 大切な資産が失われるかもしれないと心配している。
2 より懸命に働かなければならなくなると心配している。
3 社員が会社を買収する計画を立てるべきだと考えている。
4 社長にもっと多くの時間を社員と過ごしてほしいと願っている。

解説　企業内での会話。女性の throwing out the baby with the bathwater「大切なものを無用なものと一緒に捨ててしまう」が直接のヒント。この表現の意味を知らなくても，「赤ちゃんを捨てる」という比喩表現から，そしてその後の男性の発言から，内容を推測したい。I couldn't agree with you more.「これ以上賛成することはできない，まったくあなたの言うとおりだ」は more の有無で意味が逆になるので，注意したい表現。

No. 19 解答 1　スクリプト・全訳　　　　　　　　　》) 019

★：Sarah, so what's going to be discussed at the special meeting next week?

★★：It's a secret, but I heard we're merging with S&T.

★：Wow, that's big! The merger would definitely help us.

★★：I wouldn't be so sure, Roger. Combining companies means combining two departments into one. Overhead expenses will be cut, which will mean layoffs.

★：And that even includes us engineers?

★★：If the cuts make the company more efficient, yeah. I think marketing and HR will be hit the hardest, but it could be others, too.

★：Guess I had better start shopping the résumé around. I've only been here for four years.

★★：You don't need to worry about that quite yet. I think I'm the one that should be concerned. I've only been here three years.

★：But you have supervisory experience, which helps. Maybe I should talk to my supervisor and find out more.

★★：It's not official yet, so you'd better not. Go talk to Douglas. He's the one in the know.

★：Douglas? Think I'll pass. He's been known to exaggerate on occasion. Guess I'll just wait it out for a while.

Question: What does the woman think about the merger?

★：サラ，来週の特別会議で何が議題になるの？

★★：秘密だけど，私たちの会社，S&T 社と合併するって聞いたわ。

★：おお，それはすごい！　合併したら確実に助かるね。

★★：そうとも言い切れないわ，ロジャー。会社をくっつけるということは，2 つの部署を 1 つにするということよ。諸経費はカットされるわけで，つまり解雇があるということよ。

★：僕たち技術者まで入るの？

★★：削減で会社の効率がよくなるなら，そうね。マーケティングと人事が一番打撃を受けると思うけど，ほかもあり得るわ。

★：履歴書の持ち込みを始めた方がよさそうだな。僕はここには 4 年しかいないから。

★★：あなたはまだそのことを心配しなくて大丈夫よ。心配すべきなのは私だと思う。私はここに 3 年しかいないのだから。

★：でも君は管理者としての経験があるだろう。それが役に立つよ。僕は上司と話をし

てもっと情報を集めた方がいいのかもしれない。

★★：　まだ非公式だから話さない方がいいわ。ダグラスと話してごらんなさいよ。彼が内
　　　情に詳しいから。

　★：　ダグラスだって？　パスだね。彼は時々大げさに言うって，有名だよ。事態が収ま
　　　るまでしばらく待つことにするよ。

質問：合併について女性はどう思っているか。

選択肢の訳　**1** 会社の雇用が削減されることになる。

　　　　　2 株主にとってよいことだろう。

　　　　　3 彼女が昇進することを意味するかもしれない。

　　　　　4 技術部門には影響がない。

解説　女性の２つ目の発言が直接のヒントで，その後もその話をしている。解雇を心
配しているので，正解は **1**。３つ目の彼女の発言から，技術部門も削減の対象に
なり得ると考えていることがわかるので，**4** は誤り。overhead expense「諸経費」,
HR（= human resources）「人事部」, shop around「〜を売り込みに回る」, in
the know「内情に通じていて」, wait out「（災難など）が終わるまでじっと待つ」。

Unit 4　To do 問題＋Suggest 問題))) 020-026 　解答・解説 ▶ p.62

No. 20　**1**　Request help from Walid.
　　　　2　Ask for the manager's approval.
　　　　3　Start analyzing some surveys.
　　　　4　Estimate the production costs.

No. 21　**1**　Her mother will push her in the stroller.
　　　　2　She will catch the bus with her mother.
　　　　3　Her father will drive her there.
　　　　4　Her father will walk her there.

No. 22　**1**　Tell the PR company to produce a better commercial.
　　　　2　Make plans to rebuild the office.
　　　　3　Look for a better PR company.
　　　　4　Tell his staff he is selling the company.

No. 23　**1**　Withhold making a decision for a while.
　　　　2　Change her job very soon.
　　　　3　Tell her boss what she thinks of him.
　　　　4　Open an office downtown.

No. 24	**1**	Make the e-mail more tactful.
	2	Ask for even more money.
	3	Add some details to the e-mail.
	4	Do some additional research.

No. 25	**1**	Purchase a warranty.
	2	Avoid getting the refurbished printer.
	3	Buy a laptop instead.
	4	Inspect the printer carefully.

No. 26	**1**	Ask for a further discount.
	2	Give it some additional thought.
	3	Purchase the advertised property.
	4	Look for an alternative cabin elsewhere.

No. 20 解答 **3** スクリプト・全訳))) 020

☆: How's the report coming, Colin?

★: Actually, I'm having trouble locating the data I need to estimate the costs for increasing production of our laptops, Meera.

☆: Walid from the manufacturing department should be able to provide that to you. How are you doing on the breakdowns of the customer satisfaction surveys?

★: Oh, that didn't seem urgent, so I was going to get to that later.

☆: Make it a priority, please. The manager said she needs to approve that part before we submit the report, and it could be time-consuming.

Question: What will Colin probably do next?

☆: コリン，報告書はどうなっているの？

★: 実はね，ミーラ，わが社のノートパソコンを増産するコストを試算するのに必要なデータが見つからなくて困っているんだ。

☆: 製造部のワリードがあなたに提供できるはずよ。顧客満足度アンケートの内訳はどうなっているの？

★: あー，それは急ぎでないようだったから，後で取りかかるつもりだったよ。

☆: 優先してちょうだい。報告書を提出する前にその部分を承認する必要があるとマネージャーが言っていたし，それは時間がかかるかもしれないわ。

質問：次にコリンはおそらく何をするか。

選択肢の訳 **1** ワリードに援助を頼む。
2 マネージャーの承認を求める。
3 アンケートの分析を始める。
4 生産コストを見積もる。

解説 顧客満足度アンケートの内訳を調べる作業は後でやると言ったコリンに対し，ミーラは最後の発言で，それを優先するよう依頼している。その分析を報告書作成よりも先に終えてマネージャーの承認を得る必要があるという発言からも，急ぎなのだとわかる。ここでは before がポイントで，どちらを先に完成すべきか正確に理解しておきたい。

★： Luke, it's started raining! Do you have time to drive Peggy to kindergarten?

★： I'm sorry, Linda, I've got an early meeting this morning. Can't you catch the bus?

★： The bus will be even more crowded than usual, and it'll take twice as long. Besides, it would be nearly impossible to get the stroller on and off.

★： OK, I get the picture. I guess ten minutes won't make much difference.

Question: How will the girl get to kindergarten this morning?

★： ルーク，雨が降ってきたわ！　ペギーを幼稚園に車で送って行く時間はある？

★： ごめん，リンダ。今朝は早い時間に会議があるんだ。バスは使えないの？

★： バスはいつもよりさらに混雑するし，倍の時間がかかるわ。それに，ベビーカーの乗り降りなんてほぼ不可能よ。

★： よし，事情はわかったよ。10分くらい大した違いはないか。

質問：今朝，女の子はどうやって幼稚園に行くか。

選択肢の訳　**1** 母親がベビーカーを押して彼女を連れて行く。
　　　　　2 彼女は母親と一緒にバスに乗る。
　　　　　3 父親が車で送って行く。
　　　　　4 父親が歩いて送って行く。

解説　夫婦の朝の会話。どちらが娘を幼稚園に送って行くかを話している。夫は送って行くことを一度は断っているが，女性の説明を聞いた後，最後の「10分なら大した違いはない」が受け入れたことを意味している。バスがいかに不便かについての女性の発言もヒントになる。get the picture「大筋をつかむ」。

No. 22 解答 **3** スクリプト・全訳))) 022

☆： Good morning, Bob. Did you see our competitor's new commercial on TV last night? I was shocked to see it. It beats our ad hands down.

★★： I hate to have to agree, but yes, it was such an impressive one. I'll have a word with the PR company.

☆： Well, that certainly needs to be done. But I'm not sure a word will be enough. I know we've been using this company for years, but there comes a time ...

★★： Yeah. You're right. It's time to make a clean break.

Question: What is Bob going to do?

☆： おはよう，ボブ。昨夜テレビでやってたライバル会社の新しいコマーシャルを見た？見てショックを受けたわ。私たちの広告は完全に負けたわね。

★★： 同意せざるを得ないのは嫌だけど，うん，とても印象的だった。広告制作会社と話をしてみるよ。

☆： まあ，確かにそれはする必要があるわ。でも，話すだけで十分かしら。何年もその会社を使っているのは知っているけど，そろそろ時期が……。

★★： ああ。そのとおりだ。きっぱりと手を切るときだね。

質問： ボブは何をしようとしているか。

選択肢の訳　**1** 広告制作会社にもっとよいコマーシャルを作るよう指示する。
2 事務所を改築する計画を練る。
3 よりよい広告制作会社を探す。
4 会社を売ると彼のスタッフに告げる。

解説　会社の同僚同士の会話。最後の make a clean break「きっぱり縁を切る」が直接のヒントだが，その前に there comes a time ... など伏線的な表現もある。beat ～ hands down「～を簡単に負かす」。

No. 23 解答 **1** スクリプト・全訳))) 023

So, Sarah, I heard your new boss is rather demanding.

★★： You can say that again. Being made to jump through hoops is not my style.

★： Have you tried reasoning with him?

★★： I might as well save my breath. I'm sure you've heard that our main competitor is opening a new office downtown and looking for staff. I've e-mailed them and they seemed interested.

★： Oh no! Are you going to quit? Please don't, we need you. I think I can talk to someone in HR so you can move to some other department, if you wish.

★★： Oh, are you sure? Well, I guess I can wait and see what HR says, then.

Question: What is the woman likely to do next?

★： さて，サラ，聞くところによると，君の新しい上司は結構注文が多いらしいね。

★★： まったくそのとおりよ。やりたくないことをあれこれやらされるのは私の流儀じゃないわ。

★： その点を改めてほしいと彼に話してみたかい？

★★： やめておいた方がいいと思うわ。あなたも聞いていると思うけど，うちの最大のライバル会社が町の中心に事務所を開く予定で，スタッフを募集しているのよ。メールをしたら，関心があるようだったわ。

★： えっ！　辞めるつもりなの？　辞めないでくれよ，うちには君が必要だよ。お望みなら，君が他部署に異動できるよう，人事課の誰かと話すことはできると思うよ。

★★： あら，本当に？　そうね，それなら人事課がどう言うか様子を見てもいいわ。

質問： 女性は次に何をしそうか。

選択肢の訳 **1** しばらく決断を保留する。
2 近いうちに仕事を変える。
3 上司に，自分が彼をどう思っているかを話す。
4 町の中心に新しい事務所を開く。

解説 やりとりから，女性は会社を辞めてライバル会社へ転職するつもりだとわかる。男性は女性を引き止め，女性が他部署へ異動できるようかけ合ってみると言い，女性はそれなら様子を見てみると返答している。「様子を見る」を Withhold making a decision「決断を保留する」と言い換えた **1** が正解。jump through hoops「多くの面倒なことをする」，reason with「～を（理詰めで）説得する」，save *one's* breath「（言っても無駄なので）黙っている」。

No. 24 解答 **3** スクリプト・全訳))) 024

★： What did you think of my e-mail, honey?

★： Well, I know it's hard to ask a client for more money, but I think it's worded very tactfully.

★： That's a relief. They send me lots of work, so I'd hate to offend them.

★： If I were you, I'd be a bit more explicit about what's involved in producing the illustrations for this particular project, though. It's a bit vague.

★： Maybe you're right. They're going to require a fair amount of research, so maybe I'll add something about that before I send it.

Question: What does the woman suggest that the man do?

★： ねえ，僕のメール，どう思った？

★： そうね，もっとお金が欲しいとクライアントに頼むのは確かに難しいけど，とても如才なく表現されていると思うわ。

★： ほっとしたよ。先方はたくさんの仕事を依頼してくれるので，怒らせたくないんだ。

★： ただ，私だったら，特にこのプロジェクトのイラストの制作にはどんな作業が必要かをもう少しはっきり言うと思うわ。少し曖昧ね。

★： そのとおりかもしれないね。イラストにはかなりの調査が必要になるから，メールを送る前に，その点について何か加筆しようかな。

質問：女性は男性に何をするよう提案しているか。

選択肢の訳 **1** もっと如才ないメールにする。

2 さらにもっとお金が欲しいと頼む。

3 メールに詳細を書き足す。

4 追加の調査を行う。

解説 女性は1つ目の発言で男性が書いた内容を評価しているが，2つ目の発言で，イラスト制作に何が必要かをはっきり伝えた方がいいと提案している。言い換えれば，先方が想定している以上の仕事量だということ。これを選択肢では，details「詳細」と表している。

★★： Excuse me. Why is this printer so much more affordable than the others?

★： Oh, it's refurbished. Those are items that are returned while still under warranty. They're sent back to the factory, where they're cleaned, repainted, and repaired.

★★： So, it should be in perfect condition?

★： Well, just between you and me, most refurbished products, especially laptops, are worth buying. But I can't say the same for this brand of printers.

★★： Why is that?

★： Well, as far as this company is concerned, there are lots of moving parts in their products, and I've heard that they don't inspect them all thoroughly enough.

Question: What does the salesperson suggest the man do?

★★： すみません。このプリンターがほかよりずっと安いのはなぜですか。

★： ああ，これは整備済み製品だからです。これらは保証期間内に返品されたものです。工場に戻されて，そこでクリーニング，再塗装，修理をされます。

★★： それなら，完璧な状態のはずですね。

★： まあ，ここだけの話，大半の整備済み製品，特にノートパソコンは買う価値があります。しかし，このプリンターブランドがそうだとは言えません。

★★： なぜですか？

★： そうですね，この会社に関する限り，可動部品が製品にたくさんあり，それらすべてを十分徹底的に検査してはいないらしいのです。

質問：販売員は男性が何をすることを提案しているか。

選択肢の訳
1 保証書を購入する。
2 整備済み製品のプリンターの購入は避ける。
3 代わりにノートパソコンを買う。
4 プリンターを注意深く検査する。

解説 販売員が just between you and me「ここだけの話」と言いながら，整備済み (refurbished) 製品の大半は買う価値があるが，この会社のプリンターはそうではない，すなわち買う価値がないと言っているので，**2** が正解となる。

No. 26 解答 **3** スクリプト・全訳)) 026

★: Good day, sir. Good day, madam. I'm Judith Albridge. Welcome to the New Country Life Development. Well, this is the cabin, as described in the brochure we sent you, and all the space you can see behind the cabin is your garden.

★: Hmm. Sounds to me like a lot of extra work.

★★: Oh, come on, George, a bit of gardening would help you get rid of some of that weight you're carrying around.

★: True, but I'm not sure I'm up to it.

★★: Ms. Albridge, I remember from the brochure that you offer a cleaning service, is that right?

★: Yes, indeed, madam. For just a small annual fee, we take care of all the cleaning for you.

★: Overall, though, it's still pretty pricey, as I remember.

★: Well, actually, sir, you've come just at the right time. For those customers who buy a cabin this year, we are offering a special discount of 20% off the advertised price.

★★: Oh, George, we must buy it.

★: Well, I suppose it would be somewhere to get away to on the weekends. OK, you've convinced me, so long as we get the discount.

Question: What will the couple do?

★: こんにちは，お客さま。こんにちは，奥さま。私はジュディス・オルブリッジです。ニュー・カントリーライフ開発社へようこそ。さて，こちらがお送りしたパンフレットで説明されている小屋です。その後ろに見えるスペースはすべてお客さまの庭です。

★: うーん。余分にやることがずいぶん多そうだな。

★★: ちょっと何言ってるの，ジョージ。ちょっとした庭仕事は，あなたが持ち歩いているその体重のいくらかを減らすのに役立つわよ。

★: そうだけど，僕にできるかどうか。

★★: オルブリッジさん，パンフレットには清掃サービスがあると書かれていたと思うのですが，そうでしたかしら？

★: はい，奥さま，そのとおりです。年間わずかな額ですべての清掃をいたします。

★: しかし，全体的に見て，私が記憶している額はまだかなり高いですね。

★: あの，実はですね，お客さまは大変よいときにいらっしゃいました。今年小屋をお買い求めいただいた方には，広告にある額から20％の特別割引がございます。

★★： まあ，ジョージ，買わなくちゃ駄目よ。

★： そうだな，週末にゆっくりする場所になるかもしれない。いいでしょう，割引があるなら，納得しました。

質問：夫婦はどうするか。

選択肢の訳 **1** さらに値引きを求める。

2 もう少し考える。

3 広告にあった不動産を購入する。

4 別の所でほかの小屋を探す。

解説 最後の女性と男性の発言がヒント。割引があると聞いた女性が we must buy it と促すと，それまで消極的だった男性も，最後に you've convinced me と言っている。so long as ... と条件は付けているが，買うことに決めたと考えてよい。be up to「（任務など）を遂行できる」。

Chapter 3
Part 2 練習問題

| Unit 1 | 医療・テクノロジー |)) 027-031 | 解答・解説 ▶ p.74 |

A *No. 1*
1 Loss of muscle mass and bone density.
2 A more serious form of diabetes.
3 Not being able to have knee operations.
4 Increased discomfort after surgery.

No. 2
1 It is often calculated incorrectly.
2 It is less useful than hip and waist measurements.
3 It leads to little-understood symptoms.
4 It can cause illnesses to be overlooked.

B *No. 3*
1 It can be hard to measure the success of treatments for it.
2 It is being treated more successfully at some hospitals.
3 It has a surprising connection with heart attacks.
4 It is no longer being used in some rankings.

No. 4
1 They have been rising at all hospitals recently.
2 They are the most important ranking point to consider.
3 Some hospitals do not report them properly.
4 Some analysts do not really understand them.

C *No. 5*
1 Social status strongly affects lifespan.
2 Civil servants have very high death rates.
3 Organizations with hierarchies are the most stressful.
4 Administrators need to consider employee stress more.

No. 6
1 Those with the highest volume of work.
2 Those of the most senior executives.
3 Those with the least control.
4 Those that involved decision-making.

D *No. 7*   **1** It does not form naturally on Earth.
　　　　　　2 It is more common than rare earths.
　　　　　　3 It is only found in the United States.
　　　　　　4 It can increase the power of magnets.

　　　No. 8   **1** Stronger metals could be made.
　　　　　　2 China would profit greatly.
　　　　　　3 Smartphone prices might fall.
　　　　　　4 Rare earth prices might rise.

E *No. 9*   **1** AI will begin to make more mistakes.
　　　　　　2 Running AI programs will damage computers.
　　　　　　3 AI sometimes alters data.
　　　　　　4 Progress in AI will slow down.

　　　No. 10 **1** Increasing it could harm the environment.
　　　　　　2 Chips cannot be made any smaller.
　　　　　　3 It does not help to improve driverless cars.
　　　　　　4 It could be improved with a new cooling method.

A スクリプト ★：*BMI*))) 027

Body mass index, or BMI, is a ratio involving height and weight that is often used in healthcare. A BMI over 25 is generally regarded as overweight. Over 30 is regarded as obese, and health risks such as cancer and diabetes are much higher for those who are obese. However, some experts feel BMI should be replaced with another indicator. One reason is that BMI does not take into account things like muscle mass and bone density, and there are ethnic differences that are not reflected in the current standards. Another common complaint is that people can be turned away from surgeries, especially knee replacements, due to high BMIs. However, some doctors argue that the discomfort and negative health outcomes of not having surgery greatly outweigh the risks.

Another problem, according to pediatrician Tracy Richmond, is that the current emphasis on BMI leads to numerous incorrect diagnoses because physicians erroneously assume that people's symptoms are the result of obesity when they are actually caused by unrelated illnesses. Recent research suggests that visceral fat, which is the fat around one's waist, may be a much better indication of health risks, so a ratio of one's hip and waist measurements may be more suitable than BMI.

Questions

No. 1　What is one common result of having a high BMI?

No. 2　What does Tracy Richmond suggest about BMI?

全訳 BMI

　ボディマス指数（BMI）は医療でよく使われる，身長と体重が関係する比率だ。BMI が 25 を超えると，一般的に太り過ぎと見なされる。30 を超えると肥満と見なされ，がんや糖尿病などの健康リスクは肥満の人の方がはるかに高くなる。しかし，BMI は別の指標に変更されるべきと感じている専門家もいる。理由の 1 つは，BMI が筋肉量や骨密度などを考慮しておらず，現在の基準に反映されていない民族的差異があることだ。また，BMI が高いという理由で手術，特に膝関節置換術を拒否されることもあるという不満もよくある。しかし，手術をしないことによる不快感と健康への悪影響は手術のリスクよりもずっと大きいと主張する医師もいる。

　小児科医のトレーシー・リッチモンドによると，BMI を重視する現状は多数の不正確な診断につながるという別の問題もある。その理由は，実際は関連していない病気が引き起こしているのに，人々の病状が肥満の結果であると医師が誤った想定をしてしまうことだ。最

近の研究によると，内臓脂肪（ウエスト周りの脂肪）の方が，健康リスクのずっとよい指標かもしれないため，ヒップとウエストの寸法の比率の方が BMI より適している可能性がある。

No. 1 解答 **3**

設問の訳 BMI が高いときによく起こることの 1 つは何か。
1 筋肉量と骨密度の低下。
2 より深刻な型の糖尿病。
3 膝の手術を受けられないこと。
4 手術後の不快感が強くなること。

解説 前半の最後に，BMI が高いことで膝の手術を拒否される事例が出ている。よって正解は **3**。肥満だと糖尿病が起こる可能性が高くなると指摘されているので **2** は正解に見えそうだが，「より深刻な型」ではないので誤り。

No. 2 解答 **4**

設問の訳 トレーシー・リッチモンドは BMI について何を示唆しているか。
1 しばしば誤って計算される。
2 ヒップとウエストの寸法より有用性が低い。
3 わかりにくい症状につながる。
4 病気が見落とされる可能性がある。

解説 リッチモンドは，BMI が誤解を生む可能性があると指摘している。具体的には，関連していない別の病気に気付かない可能性があること。ヒップやウエストの寸法の有用性については述べられているが，リッチモンドの発言ではない。

語句
□ obese「肥満した」
□ turn away A from B「A に B を拒否する」
□ pediatrician「小児科医」
□ visceral fat「内臓脂肪」
□ diabetes「糖尿病」
□ discomfort「不快感」
□ erroneously「誤って」

B　スクリプト　★：*Hospital Rankings*　))) 028

　　It is becoming increasingly common for patients to consult hospital rankings in the mass media or from private businesses before seeking medical treatment. Experts, however, have mixed feelings about the evaluations, because they may not offer a clear picture of the quality of hospitals. They seem beneficial for some medical conditions, such as heart attacks, where there are straightforward measurements, like survival rates, that can be analyzed objectively. For illnesses like diabetes, however, there are numerous complicating factors that can affect the data, such as patients' financial status or other illnesses patients are suffering from simultaneously. Furthermore, some systems include hospitals' reputations in the ranking, but experts feel such ratings can be biased or less beneficial than objective measurements.

　　Another serious problem is that certain statistics can be misleading. One health analyst named Ben Harder says that statistics like infection rates can confuse people. Since people obviously want to avoid contracting any illnesses while they are at the hospital, this seems like a useful statistic. However, evidence shows that often, hospitals report higher rates of infections because they are tracking them better and are actually more successful at reducing them. On the other hand, those with seemingly low rates have sometimes been shown to have serious infection issues that they are doing nothing to remedy.

Questions

No. 3　What is one thing we learn about diabetes?

No. 4　What does Ben Harder say about infection rates?

全訳　病院のランキング

　患者が治療を受けようとする前にマスメディアや民間企業の病院ランキングを参考にすることは，ますます一般的になりつつある。しかし，専門家は評価に対して複雑な思いでいる。病院の質についての明確な全体像を示していないかもしれないからだ。生存率のような客観的に分析可能なわかりやすい数値がある心臓発作のような症状には，こうした評価は有益に思える。しかし，糖尿病のような病気には，患者の経済状態や患者が同時に患っているほかの病気など，データに影響を与え得る複雑な要因が多数ある。さらに，ランキングに病院の評判を含めるシステムもあるが，専門家は，そうした格付けは偏りがあったり，客観的な数値よりも有益ではなかったりする可能性があると感じている。

　別の深刻な問題は，ある種の統計は誤解を招く可能性があるということだ。ベン・ハーダーという健康アナリストは，感染率のような統計は人々を混乱させる可能性があると言う。人々

が病院にいる間に病気にかかりたくないのは自明なのだから，これは有用な統計値に思える。しかし，病院がより高い感染率を報告するのはしばしば，それらの病院が感染をよりよく追跡し，実際に感染を減らすことにより成功しているからだということを示す証拠がある。他方で，表面的には感染率が低い病院が時として深刻な感染症の問題を抱えており，改善のために何もしていないことが明らかにされることがある。

No. 3 解答　1

設問の訳　糖尿病についてわかることの1つは何か。
　　　　1 その治療の成果を測定することは難しい場合がある。
　　　　2 一部の病院では治療がよりうまくいっている。
　　　　3 心臓発作と驚くべき関係がある。
　　　　4 一部のランキングではもはや使用されていない。
解説　病院評価の根拠となる基準には数値化しやすいものとしにくいものがある。前者の例が心臓発作で，後者の例が糖尿病。患者の経済状態やほかの病気など，病院の能力とは別のさまざまな要因があると指摘されている。

No. 4 解答　3

設問の訳　ベン・ハーダーは感染率について何と言っているか。
　　　　1 最近，すべての病院で上昇している。
　　　　2 ランキングで最も重視される点だ。
　　　　3 適切に報告していない病院がある。
　　　　4 それらを十分に理解していないアナリストがいる。
解説　ハーダーの主張のポイントは，感染症のデータは混乱を招く恐れがあるという点で，その根拠となる具体例は However 以下で述べられている。一見感染率が高い病院が実はしっかり対応していること，低く見える病院が対応をきちんとしていない可能性があることが指摘されている。

語句
□ objectively「客観的に」　　　□ diabetes「糖尿病」　　　□ simultaneously「同時に」
□ contract「（病気）にかかる」　□ remedy「～を改善する」

C 　スクリプト 　★★： *The Whitehall Study* 　　))029

　　The Whitehall Study was a research project conducted on British civil servants beginning in the 1960s. The researchers recorded subjects' health, focusing on mortality rates, which means the percentage who died each year. The British civil service was hierarchical, and it was found that the mortality rate for those at the bottom of the hierarchy was three times that of those on top. While it is true that one's income has an impact on mortality, the Whitehall researchers discovered that social status was actually more significant. Those in administrative positions had superior health outcomes to those in subordinate positions even when incomes were similar.

　　A leading cause of mortality was heart disease, which is strongly associated with stress. However, rather than the volume of work, something else appeared to be causing the most harmful types of stress. Results showed that people with intense jobs like "senior executive" had a slightly increased risk of mortality. On the other hand, those in less demanding positions with the least autonomy or authority tended to have the highest mortality. Jobs where one lacks a say in how and when one does one's work, it seems, may increase harmful stress and lead to the most negative health outcomes.

Questions

No. 5 　What was the main finding of the Whitehall Study?

No. 6 　Which types of jobs were the most harmful?

　全訳 　ホワイトホール研究

　ホワイトホール研究とは, 1960 年代からイギリスの公務員を対象に行われた研究プロジェクトである。研究者は被験者の健康状態を記録し, 特に死亡率, すなわち毎年の死亡者の割合に注目した。イギリスの役所は階層的で, 最下層の人の死亡率は最上位の人よりも 3 倍高いことがわかった。収入が死亡率に影響を与えていることは事実だが, ホワイトホールの研究者たちは, 実は社会的地位の方がより重要だということを発見した。同じような収入でも, 管理職の地位にある人は下位の職にある人よりも健康結果がよかった。

　主な死亡原因は心臓病で, ストレスとの関連が強い。しかし, 作業量よりも, 別の何かが最も有害なタイプのストレスを引き起こしているように思えた。結果は,「上級管理職」のような厳しい仕事をしている人は死亡するリスクがやや高かった。一方で, 自律性や権威が最も低く, あまり厳しくない仕事をしている人の死亡率が最も高い傾向にあった。自分の仕事をいつどのように行うかの発言権がない仕事は有害なストレスを増やし, 最も悪い健康結果につながるかもしれないと思える。

No. 5　解答　1

設問の訳　ホワイトホール研究の主な発見は何だったか。
　　　　　1 社会的地位が寿命に大きく影響する。
　　　　　2 公務員は死亡率がとても高い。
　　　　　3 階層のある組織が最もストレスが大きい。
　　　　　4 管理者は従業員のストレスをもっと考える必要がある。

解説　公務員の死亡率を調べた研究。階層により死亡率が異なるというのがわかったことの1つだが，それ以上に特徴的なのは，収入ではなく社会的地位が死亡率に影響しているということ。正解は**1**。

No. 6　解答　3

設問の訳　最も有害な仕事はどのタイプだったか。
　　　　　1 作業量が最も多い仕事。
　　　　　2 最上級の管理職。
　　　　　3 最もコントロールできない仕事。
　　　　　4 意思決定にかかわる仕事。

解説　最も死亡率が高いのは，自律性や権威が低く，発言権（say）がない仕事。つまりそれは自分でコントロールができないという立場なので，**3**が正解。作業量は最も有害なタイプのストレスの原因ではないと言っているので，**1**は誤り。

語句

□ mortality rate「死亡率」　□ hierarchical「階層的な」　□ administrative「管理の」
□ subordinate「下位の」　　□ intense「厳しい」　　　　□ say「発言権」

D スクリプト ★★ : *Tetrataenite*))) 030

Today, many eco-friendly technologies used in the United States, such as electric car motors, rely on magnets made from materials known as rare earths. Rare earths, while not actually rare, are difficult and expensive to extract, and must be combined with other elements or materials. Furthermore, the rare earth market is dominated by just a few countries, and if they were to cut off supplies, it could be devastating to America's green economy. However, a substance called tetrataenite may provide an alternative. Up until now, tetrataenite has been obtained exclusively from meteorites and takes millions of years to form, meaning that it is in extremely short supply. However, scientists have recently discovered a way to produce a synthetic form of the metal.

This could be a revolutionary discovery that drastically reduces the cost of green energy technologies. Furthermore, it would lessen US dependence on major rare earth producers, like China. However, there could be a downside. If most magnets were made using tetrataenite, production of rare earths would plunge, and cost reductions achieved through mining massive quantities of rare earths might disappear. This would drive up the costs of other items made using them, such as electronic devices like smartphones.

Questions

No. 7 What is one thing we learn about tetrataenite?

No. 8 What is one possible effect of the discovery?

全訳 テトラテーナイト

電気自動車のモーターなど，今日アメリカで使われている多くの環境に優しい技術は，レアアースとして知られる原料から作られた磁石に依存している。レアアース（実際にはレアではないが）は採掘が難しくコストがかかり，ほかの元素や原料と組み合わせなければならない。さらに，レアアース市場はほんの数カ国に独占されており，もしそれらの国が供給を止めることにでもなれば，アメリカのグリーン経済に破壊的な打撃を与える可能性がある。しかし，テトラテーナイトと呼ばれる物質が代替物質となるかもしれない。これまでテトラテーナイトは隕石からしか得られず，形成に数百万年も要するため，極めて供給が不足している。しかし，最近科学者が，その金属を合成して生産する方法を発見した。

これは，グリーンエネルギー技術のコストを劇的に減らす革命的な発見かもしれない。さらに，これは中国などのレアアース主要生産国へのアメリカの依存度を下げるだろう。しかし，マイナス面もあるかもしれない。ほとんどの磁石がテトラテーナイトを使用して作られ

ると，レアアースの生産が激減し，レアアースを大量に採掘することで達成されるコスト削減ができなくなるかもしれない。そうなると，スマートフォンのような電子機器など，レアアースを使って作られるほかの品目のコストが上昇するだろう。

No. 7   解答   **1**

設問の訳 テトラテーナイトについてわかることの１つは何か。
1 地球上で自然に形成されるものではない。
2 レアアースより普通に存在する。
3 アメリカでのみ見つかる。
4 磁石の力を強めることができる。

解説 テトラテーナイトの入手方法は隕石からの採取と人工的に製造することの２つのみで，地球上で自然に形成されるものではないので **1** が正解。今後増える可能性はあるが，現段階でレアアースより common「普通に存在する」とは述べられていないので，**2** は誤り。

No. 8   解答   **4**

設問の訳 この発見の影響として考えられることの１つは何か。
1 より強い金属が作られるかもしれない。
2 中国が大きな利益を得るだろう。
3 スマートフォンの価格が下がるかもしれない。
4 レアアースの価格が上がるかもしれない。

解説 質問の the discovery とは，テトラテーナイトの生産方法が見つかったこと。これにはメリットもあるが，一方でレアアースの生産量が落ち，大量採掘により達成していたコスト削減が不可能になる可能性がある。つまり，**4** のようにレアアースの価格が上がり，レアアースを用いる機器の価格も上がることになる。

語句
□ extract「～を採掘する」　　　□ devastating「破壊的な」　　　□ meteorite「隕石」
□ synthetic「合成の，総合的な」　□ downside「マイナス面，弱点」　□ plunge「急落する」
□ drive up「（価格など）を急速に上昇させる」

E スクリプト ★ : *The Future of AI*))) 031

AI has made great strides in recent years, thanks mainly to what is known as deep learning. This technique involves feeding millions of data samples into an algorithm in order to train it for a specific task. However, this requires massive computational power, and there are worries that increases in the processing speed of the chips that control computers are falling behind the progress being made in the AI software itself. For example, current French-to-English translation algorithms make errors 50 percent of the time. Increasing their accuracy to 90 percent would necessitate many billions of times more power than current models possess. Experts worry, therefore, that the pace at which AI develops is likely to drop off substantially.

While processes that miniaturize chips and the development of new types of chips specialized in AI may increase processing power somewhat, things like driverless cars and real-time translation would likely require far more computational power than these improvements would bring. Furthermore, cooling the computers that do the processing requires nearly unimaginable amounts of energy. For this reason, massive increases in computing power have the potential to result in massive increases in carbon emissions that would accelerate the climate crisis.

Questions

No. 9 What are some AI experts worried about?

No. 10 What does the speaker say about computers' processing power?

全訳 AI の未来

主にディープラーニングとして知られるもののおかげで，AI は近年大きな進歩を見せている。この技術は，大量のデータサンプルをアルゴリズムに与え，特定のタスクを達成するための訓練をすることを伴う。しかし，これには膨大な計算能力が必要であり，コンピューターを制御するチップの処理速度の増加が AI ソフトそのものの進歩よりも遅れを取っている点が心配されている。例えば，現在のフランス語から英語への翻訳アルゴリズムでは，50% の確率でエラーが発生する。アルゴリズムの正確さを 90% に高めるには，現在のモデルが持つ能力の数十億倍の能力が必要となるだろう。そのため，専門家は AI の発達ペースが大幅に落ちる可能性があると懸念している。

チップを小型化するプロセスと AI に特化した新しいタイプのチップを開発することで処理能力は多少向上するかもしれないが，自動運転車やリアルタイム翻訳といったことには，おそらく，これらの改善がもたらすよりもはるかに大きな計算能力を要するだろう。さらに，

処理を行うコンピューターを冷却するには想像できないほどの膨大なエネルギーが必要だ。このため，計算能力の大幅な増加は，気候危機を加速させる二酸化炭素排出量の大幅な増大につながる可能性がある。

No. 9 解答　4

設問の訳　一部の AI 専門家が心配していることは何か。
1 AI がより多くの間違いをし始める。
2 AI プログラムを実行するとコンピューターにダメージを与える。
3 AI は時にデータを改ざんする。
4 AI の進歩が遅くなる。

解説　前半によると，AI は大きく進歩しているのに，それを支えるチップの能力向上が追いついていない。前半の最後で専門家の懸念として，AI の発達ペースが大幅に落ちる可能性があることを述べているが，**4** がそれを短くまとめている。

No. 10 解答　1

設問の訳　コンピューターの処理能力について話者は何と言っているか。
1 増加させると環境に悪影響を及ぼすかもしれない。
2 チップはこれ以上小さくできない。
3 自動運転車の改良には役立たない。
4 新しい冷却方法で改良されるかもしれない。

解説　後半の中ほど以降で，コンピューターの能力向上に伴う問題点として，冷却に要する膨大なエネルギーが二酸化炭素排出量を増加させ，気候変動を加速させると言っている。これを **1** が「環境に悪影響を及ぼす」とまとめている。

語句

□ stride「進歩」　□ algorithm「アルゴリズム」　□ miniaturize「〜を小型化する」

Unit 2 社会・教育 　　))) 032-035 解答・解説 ▶ p.86

F *No. 11* **1** Probation can negatively affect people's behavior.
2 Prisons do not stop people from committing future crimes.
3 Prison sentences should be at least five years long.
4 Probation may be unsuitable for violent criminals.

No. 12 **1** Their brains may not have been fully developed.
2 They were usually over the age of 30.
3 Their crimes were not always serious.
4 They suffered from mental illness.

G *No. 13* **1** MacPherson had damaged the wheel.
2 MacPherson had been driving dangerously.
3 The dealer had deceived MacPherson.
4 The problem was the fault of the wheels' maker.

No. 14 **1** Car buyers are responsible for repair costs.
2 Car dealers must inspect cars before selling them.
3 Car part makers can be sued by dealers.
4 Car makers are responsible for their products.

H *No. 15* **1** It was harder for them to work at banks.
2 They were forced to move to new homes.
3 It became hard for them to get housing loans.
4 They could not get government jobs.

No. 16 **1** White children have refused to attend classes.
2 Some teachers have lost their jobs.
3 Black people have tried to ban some lessons.
4 The theory has been heavily revised.

I *No. 17* **1** People are free to change their building's exteriors.
2 People need to get permission for any changes.
3 The authorities' decisions often seem unfair.
4 New supermarkets must match the design of existing shops.

No. 18 **1** The "green belts" are reserved for the use of farm animals.
2 People are not allowed to build things in rural areas.
3 The authorities have been making roads in the countryside.
4 The government wants to keep the countryside green for travelers.

F スクリプト ★ : *Harsh Prison Sentences*))) 032

The United States has the highest incarceration rate in the world and is known for its extreme prison sentences. But do such policies benefit society? In one study, sociologist David Harding compared violent criminals. Half had received prison sentences, while the others were sentenced to probation, in which their behavior was monitored while they remained free. Five years after the two groups' sentences had ended, it was revealed that the odds they would offend again were nearly identical. This suggests that imprisonment may be ineffective in making society safer.

The common tendency of judges to hand out life sentences may also be problematic. Life sentences are sometimes believed to prevent individuals who have committed serious crimes from offending again. However, statistics show that the vast majority of crimes that result in life sentences are carried out by people during their youth. Research suggests such crimes are committed due to lack of maturity in the brain, but that as people age, they are better able to control their impulses. According to neuroscientist Robert Sapolsky, the maturity that comes with turning 30 greatly reduces the odds a person will commit a crime. Sadly, though, today almost a third of people serving life sentences are over 55.

Questions

No. 11 What did the study by David Harding suggest?

No. 12 What is one thing the speaker implies about people who were given life sentences?

全訳 厳しい実刑判決

　アメリカ合衆国は世界で最も投獄率が高く，実刑判決が極端なことで知られている。しかし，そのような政策は社会に有益だろうか。社会学者のデイビッド・ハーディングが，ある研究で凶悪犯罪者を比較した。半分は実刑判決を受け，もう半分は保護観察の判決を受け，行動を監視されながら自由となった。両グループの刑期が終了してから5年後，再犯率はほぼ同じであったことが明らかになった。このことは，社会をより安全にするために，投獄は効果がないかもしれないことを示している。

　終身刑を言い渡す裁判官の一般的傾向もまた問題かもしれない。終身刑は，重罪を犯した人の再犯を防ぐと信じられることがある。しかし統計によると，終身刑になる罪のほとんどは，人が若いうちに犯している。研究が示唆するところでは，そのような罪が犯されるのは脳が成熟していないからだが，人は年齢を重ねるにつれ，自分の衝動をよりうまく抑えられ

るようになる。神経科学者のロバート・サポルスキーによると，30歳になって成熟すると，人が罪を犯す可能性は大きく減る。しかし，残念ながら，現在終身刑に服している人の3分の1近くが55歳以上である。

No. 11 解答 **2**

設問の訳 デイビッド・ハーディングの研究は何を示唆したか。
1 保護観察は人々の行動に悪影響を与え得る。
2 人が将来罪を犯すことを刑務所が止めることはない。
3 懲役刑は少なくとも5年にすべきだ。
4 保護観察は凶悪犯罪者には適さないかもしれない。

解説 ハーディングは，実刑判決を受けて投獄された人と保護観察付きで自由になった人の刑期終了から5年後の再犯率を調べている。結果は，両者に差がなかったので，刑務所に入れることは再犯の抑止につながらないことを示している。

No. 12 解答 **1**

設問の訳 終身刑を科された人について話者が暗に言っていることの1つは何か。
1 彼らの脳は十分に発達していなかったかもしれない。
2 彼らは通常30歳以上だった。
3 彼らの犯罪は必ずしも重大だったわけではない。
4 彼らは精神疾患に苦しんでいた。

解説 後半によると，終身刑を言い渡される人のほとんどが若者で，その理由として考えられるのは lack of maturity in the brain である。lack of maturity を「十分に発達していなかった」と表した **1** が正解。30歳を過ぎると犯罪の可能性は減るが，それ以上の年齢で投獄されている人が少なくないのである。

語句
□ incarceration「投獄」　□ prison sentence「実刑判決」　□ probation「保護観察」
□ odds「可能性」　□ offend「法を破る」　□ hand out「（刑罰）を人に与える」

G **スクリプト** ★ : *MacPherson v. Buick Motor Co.*))) 033

In 1916, an American named Donald MacPherson sued the automobile maker Buick after one of his car's wooden wheels collapsed, causing him to be thrown from his vehicle and injured. Buick, however, argued that since it had not made the wheel, but rather purchased it from a reputable manufacturer, it could not be held responsible. Furthermore, it had been a local car dealer rather than Buick that had sold the car to MacPherson. On the other hand, evidence was provided that a simple inspection of the wheel would have revealed that it was defective. MacPherson's lawyer therefore argued that Buick had been negligent, and that since it was the manufacturer of the car, it should compensate his client.

After a series of appeals, it was decided that neither a dealer nor a purchaser of an automobile could reasonably be expected to inspect all the parts of a product being purchased, so it was the responsibility of the manufacturer to do so. In the end, MacPherson was awarded $5,000, and the case became the basis for many laws that protect consumers when they purchase automobiles, as well as other products, today.

Questions

No. 13 What was Buick's argument in the case?
No. 14 What was decided in the case?

全訳 マクファーソン対ビュイック自動車会社

1916年，ドナルド・マクファーソンというアメリカ人が，彼の自動車の木製の車輪の1つが壊れて車から投げ出されてけがをしたため，自動車メーカーのビュイック社を提訴した。しかし，ビュイック社は，車輪は自社で製造しておらず，評判のよい製造会社から購入したものなので，責任を問われることはあり得ないと主張した。さらに，その車をマクファーソンに売ったのはビュイック社ではなく，地元のディーラーだった。一方で，車輪は簡単な検査で欠陥があることがすぐにわかったはずだという証拠が示された。そのため，マクファーソンの弁護士は，過失はビュイック社にあったのであり，車の製造業者なのだから，顧客に補償すべきであると主張した。

一連の控訴の後，自動車のディーラーも購入者も購入する製品のすべての部品を検査することは合理的に期待できないと判断されたので，そうするのは製造業者の責任だという判決が下った。結局，マクファーソンは5,000ドルを受け取り，この裁判は，今日，自動車やほかの製品を購入する際に消費者を守る多くの法律の基礎となった。

No. 13　解答　4

設問の訳　裁判におけるビュイック社の主張は何だったか。
1 マクファーソンが車輪を破損させた。
2 マクファーソンは危険な運転をしていた。
3 ディーラーがマクファーソンをだました。
4 車輪のメーカーの落ち度が問題だった。

解説　前半の内容から，ビュイック社は，自社には責任がなく，車輪メーカーと販売のディーラーに責任があると主張したとわかる。したがって **4** が正解。**1** と **2** はマクファーソンに過失があることになるが，それはビュイック社も言っていない。ディーラーが「だました」とは言っていないので **3** も誤り。

No. 14　解答　4

設問の訳　裁判でどんな判決が下ったか。
1 自動車の購入者は修理代を負担する責任がある。
2 ディーラーは売る前に自動車の検査をしなければならない。
3 自動車部品のメーカーはディーラーから訴えられる可能性がある。
4 自動車メーカーが自社の製品に責任を負う。

解説　判決の内容は後半で述べられており，自動車メーカーが製品のすべての責任を負うというものだったので，正解は **4**。購入者にもディーラーにも責任はないとはっきり述べているので，**1** と **2** は誤り。**3** については言及されていない。

語句
□ reputable「評判のよい」　□ negligent「過失がある」

H **スクリプト** ★ : *Critical Race Theory*))) 034

The concept of critical race theory, or CRT, was first developed in the 1970s and is accepted by many scholars as a useful way to understand the problem of racism in the United States. According to this theory, American racism is not something that comes just from individuals, but is a phenomenon that is embedded in the legal system and government policy. For instance, in the past, governments designated areas with large numbers of Black people in them as poor financial risks, a practice known as redlining. As a result, banks often refused housing loans to people in such areas. Though officially banned today, these policies created segregated neighborhoods that still exist in the present.

CRT has been routinely taught in many schools, but recently, there have been complaints about it from conservatives. Critics claim that there is too much emphasis on the privileges that White people enjoy and the idea that Black people are constantly being oppressed. This, they claim, could upset White children and make them feel undeserved guilt. As a result, some areas have banned the teaching of CRT. This has caused heated debates, and has even led to classroom educators being dismissed for attempting to teach the theory.

Questions

No. 15　What effect did redlining have on many Black Americans?

No. 16　What has been one result of the battle over critical race theory?

全訳 批判的人種理論

　批判的人種理論（CRT）という概念は，1970年代に初めて考え出され，アメリカにおける人種差別問題を理解する上で有用な方法として，多くの学者に受け入れられている。この理論によれば，アメリカの人種差別は単に個々人から生まれるものではなく，法制度と政府の政策に埋め込まれた現象である。例えば，過去に政府は，黒人が多く住む地域を貧困財務リスクに指定した。このやり方はレッドライニングとして知られている。その結果，銀行はそうした地域の人々への住宅ローンをしばしば拒否した。今日これらの政策は公式に禁止されているが，現在もなお残る，人種で分けられた地域を生み出した。

　CRTは多くの学校で慣例的に教えられてきたが，最近，保守派からそれについて不満が出ている。批判派は，白人が享受している特権と黒人が常に虐げられているという考えが強調され過ぎていると主張する。彼らは，このことが白人の子供たちを動揺させ，いわれのない罪悪感を持たせるかもしれないと主張している。その結果，CRTの教育を禁止している

地域もある。このことが激しい議論を呼んでおり，この理論を教えようとしたクラスの教師が解雇されるという事態にまでなっている。

No. 15　解答　**3**

設問の訳　レッドライニングがアメリカの黒人の多くに与えた影響は何か。
　1 銀行で働くことがより難しくなった。
　2 新しい家に引っ越すことを強いられた。
　3 住宅ローンを組むことが難しくなった。
　4 政府の仕事に就けなくなった。

解説　レッドライニングの影響の例として挙がっているのは，住宅ローンを借りられなくなったことと，公式に禁止されても人種で分離された地域が残っていること。**3** が前者に当たる。

No. 16　解答　**2**

設問の訳　批判的人種理論を巡る論争の結果起きたことの 1 つは何か。
　1 白人の子供が授業への参加を拒否した。
　2 職を失った教師がいる。
　3 黒人が一部の授業を禁止しようとしている。
　4 理論が大きく修正された。

解説　批判的人種理論を教えるか，教えないかの論争が起きたことが後半で述べられている。理論を教えようとした classroom educators が解雇されたと言っているが，具体的には teachers のことであり，正解は **2**。

語句
□ embed「〜を埋め込む」　□ segregate「〜を（人種などによって）分離する」
□ oppress「〜を抑圧する」　□ undeserved「不当な」

I　**スクリプト**　★★：*Land Ownership and Planning Control*　))) 035

In Britain, the fact that you own a house does not mean that you can do what you like with it. Comprehensive legislation over land use, including all types of buildings, dates back to 1947, and the period since then has seen a steady increase in government control.

In practice, this means that all types of construction and alterations are subject to very strict controls. It is always necessary to submit a planning application, and when deciding whether or not to approve it, the authorities will look closely not only at the proposed building, but at the whole neighborhood. So, for example, they will look at the color and design of nearby houses to see if your design matches with them, or at the number of existing shops to see if a new supermarket is really needed, and so on.

Of course, there are disputes, but in general, most people accept the system, and it does have some very pleasing results. For example, urban sprawl is largely non-existent, because building in the countryside surrounding urban areas, the "green belts," is forbidden, so you can travel for many kilometers through green fields filled with sheep and cows.

Questions

No. 17　What is a result of the current building standards in Britain?
No. 18　Why does urban sprawl hardly exist?

全訳　土地所有と計画の規制

イギリスでは，家を所有しているからと言ってその家に何をしてもよいということにはならない。あらゆる種類の建物を含む土地使用に関する包括的な法律は 1947 年にまでさかのぼるが，それ以来，政府による規制は着実に増えている。

現実に，これにより，あらゆる種類の建設と改築は非常に厳しい規制の対象となっている。必ず建設計画申請を提出しなければならないし，許可するかしないかを決定するときに，当局は，申請されている建物だけでなく，その周辺すべてを綿密に視察する。したがって，例えば，彼らは近所の家々の色とデザインを見て，あなたの建物のデザインがそれらに合うかどうか，あるいは，そこにある店の数を調べて，新しいスーパーマーケットが本当に必要かどうかなどを検討する。

もちろん議論はあるが，おおむね，ほとんどの人はこの制度を受け入れており，非常に満足な結果が得られている。例えば，都市のスプロール現象はおしなべて存在しないが，それは，都市部の周りを囲む「グリーンベルト」という田園地帯に建物を建てることが禁じられているからである。だから，羊と牛がたくさんいる緑の野原を何キロも旅することができる。

No. 17　解答　**2**

設問の訳　イギリスの現在の建物の基準の結果はどうなっているか。
1 人々は自由に自分の建物の外観を変えてよい。
2 どんな変更を加えるにも許可を得る必要がある。
3 当局の決定はしばしば不公平に思える。
4 新しいスーパーマーケットは，既存の店のデザインに合っていなければならない。

解説　第2段落第2文がヒントだが，そこが聞き取れなくても直後の実例が聞き取れると大きなヒントとなる。建築に対する規制とチェックが厳しいのであり，正解は **2**。**4** のスーパーマーケットで問題になるのはデザインではなく必要性である。

No. 18　解答　**2**

設問の訳　なぜ都市のスプロール現象がほとんどないのか。
1「グリーンベルト」は家畜の利用のために制限されている。
2 田園地帯に建物を建てることが許されていない。
3 当局は田園地帯に道を作ってきた。
4 政府は旅行者のために田園地帯の緑を残したがっている。

解説　最終段落第2文でスプロール現象について言及しており，because 以下でそれが起きていない理由が説明されている。都市の周辺にある「グリーンベルト」では建築が禁止されているため不規則な開発が起こらず，その結果ずっと緑が広がっているのである。

語句
□ be subject to「（法律など）の支配下にある」
□ sprawl「スプロール現象（都市郊外が不規則に広がる現象）」

Unit 3 文化・歴史))) 036-039 解答・解説 ▶ p.96

J *No. 19*   **1** Gold deposits were running out.
2 All precious metals were banned.
3 Gold had gone out of fashion.
4 Metalworking techniques had been lost.

No. 20   **1** There were more deaths than before.
2 Villages became much smaller.
3 Burials became less common.
4 There was greater social equality.

K *No. 21*   **1** They were shot with arrows.
2 They were driven into deadly traps.
3 They were stabbed with weapons.
4 They were attacked by trained animals.

No. 22   **1** They were killed off by humans.
2 They drowned in huge floods.
3 They died of hunger.
4 They could not stand the heat.

L *No. 23*
1 They were disguised as non-warships.
2 They were faster than U-boats.
3 They had an unusual type of weapon.
4 They traveled along with civilian ships.

No. 24
1 They made German U-boat crews afraid.
2 They destroyed most of the U-boats.
3 Germany changed the design of its U-boats.
4 Germany increased the use of U-boats.

M *No. 25*
1 It had tried to influence reporting on the Vietnam War.
2 President Johnson had not supported the Vietnam War.
3 It had been dishonest about the Vietnam War.
4 President Nixon had escalated the Vietnam War.

No. 26
1 His psychiatrist had committed fraud.
2 He had made up some of the information.
3 He had been trying to help President Nixon.
4 His privacy had been violated.

J スクリプト ★ : *Colchis and Gold*))) 036

Colchis, which is now the country of Georgia, was known for its gold and metalworking in ancient times. Tombs from its early period some 4,000 years ago are filled with golden jewelry and other spectacular treasures. However, archaeologists have noticed a gap in the dates of the treasures and found that there is a period of Colchis's history lasting about 700 years when golden relics become scarce. During that period, other precious metals continued to be common, however. And since gold deposits in the region were abundant, it appears that the metal had simply fallen out of favor.

One possible explanation for the phenomenon is a shift in Colchis's social organization. During its earliest history, Colchis was a nomadic society, and elites were placed in massive burial mounds after death. In the period when gold becomes rare, however, people were living in villages that were often protected by hilltop fortresses. During this era, graves became less elaborate, suggesting a possible flattening of the society's hierarchy. Archaeologists point to Colchis's temporary abandonment of gold-working as an interesting example of the idea that various social factors can have a strong influence on the use of technology.

Questions

No. 19 Why do researchers think little gold was found in Colchis's tombs during the 700-year period?

No. 20 What change may have occurred in Colchis's society during the time that gold became rare?

全訳 コルキスと金

現在のジョージア国であるコルキスは，古代には金と金属加工で知られていた。約 4,000 年前のその初期の時代の墓は，黄金の宝石やほかの壮観な宝物で埋め尽くされている。しかし，考古学者は，宝物の時代に空白があることに気付き，コルキスの歴史の中に約 700 年間，黄金の遺物が乏しくなる時代が続くことを発見した。しかし，その間，ほかの貴金属は変わらず一般的だった。そして，その地域の金鉱脈は豊富だったのだから，その金属は単に人気がなくなっただけのように思われる。

この現象の説明として考えられる 1 つのことは，コルキスの社会構成の変化である。その歴史の初期において，コルキスは遊牧社会であり，エリート層は死後巨大な古墳に埋葬された。しかし，黄金がめったに見られなくなる期間には，人々はしばしば丘の上の要塞に守られた村に住んでいた。この時代，墓はあまり手の込んだものではなくなった。これは，社

会の階層が平らになった可能性があることを示唆している。考古学者は，コルキスが一時的に金細工を放棄したことは，さまざまな社会的要因が科学技術の使用に強い影響を与える可能性があるという考えの興味深い例だと指摘している。

No. 19 解答 **3**

設問の訳 700 年の間コルキスの墓で金がほとんど見つからなかったのはなぜだと研究者たちは考えているか。
1 金鉱脈が枯渇していた。
2 貴金属がすべて禁止された。
3 金がはやらなくなっていた。
4 金属細工の技術が失われていた。

解説 前半の中ほどで，金の遺物がほとんど見られなくなる時期が 700 年ほどあることを考古学者が発見したと述べている。その理由として挙げられているのは，the metal（＝金）がはやらなくなっていたこと。fallen out of favor を **3** が gone out of fashion と言い換えている。

No. 20 解答 **4**

設問の訳 金が珍しくなった時代にコルキスの社会でどんな変化が起きたかもしれないか。
1 それ以前より死者が増えた。
2 村々がずっと小さくなった。
3 埋葬がそれ以前より一般的でなくなった。
4 社会的平等が拡大した。

解説 社会の変化は後半で述べられている。階層間の差異の flattening が起こったと言っているので，**4** のように社会的平等が広がったことがわかる。墓は凝ったものではなくなったが，埋葬そのものが減ったとは言っていないので **3** は誤り。

語句
□ relics「歴史的遺物」 □ scarce「乏しい」 □ deposit「鉱脈」 □ nomadic「遊牧の」
□ fortress「要塞」

K　スクリプト　★★ : *Mammoth Hunting*　))) 037

Textbook illustrations of the Ice Age frequently depict humans armed with sharp spears attempting to stab giant mammoths more than twice their height. Given the risk this would have involved, however, researchers have become highly skeptical that this ever happened. There is some evidence that mammoths could have been brought down by spears thrown at them, and bows and arrows had already been invented, but the one way that is definitely known to have been employed is to separate a mammoth from its herd, possibly using flaming branches or by frightening them with trained dogs. The panicked mammoth was then driven into concealed pits filled with spikes.

While there is substantial archaeological evidence of hunting, previous theories that mammoths were driven extinct by humans are not regarded as likely. Research has revealed that melting glaciers due to global warming near the end of the Ice Age greatly increased the amount of precipitation. As a result, bodies of water, such as rivers and lakes, expanded, and the abundance of moisture meant that vegetation was suddenly transformed from huge plains of grass to bushes and trees. This did not suit their dietary needs, and the mammoths starved.

Questions

No. 21　According to researchers, how are mammoths definitely known to have been hunted?

No. 22　How does the speaker say mammoths disappeared?

全訳　マンモス狩り

　氷河期の教科書の挿絵には，鋭いやりで武装した人間が自分たちの身長の2倍以上の高さがある巨大なマンモスを突き刺そうとしている場面がよく描かれている。しかし，これに伴ったであろう危険を考えると，こういう場面が本当にあったのかどうか，研究者は非常に懐疑的になっている。マンモスが投げ付けられたやりで倒されたかもしれない証拠はいくらかあるし，弓矢は既に発明されていたが，行われていたことが確実に知られている1つの方法は，もしかすると火のついた枝を使ったり，訓練された犬で脅かしたりしながら，1頭のマンモスを群れから引き離すことだった。そうすると，パニックになったマンモスは，とがったくいで埋め尽くされた，隠された落とし穴に追い込まれた。

　マンモスを狩猟したという考古学的証拠はかなりあるが，マンモスが人間によって絶滅に追い込まれたという以前の理論は可能性が低いと考えられている。氷河期の終わり近くに，地球温暖化の影響で氷河が溶け出し，降水量が大幅に増加したことが研究で明らかになって

いる。その結果，川や湖などの水域が拡大し，豊富な水分により，植生が広大な草原から茂みと樹木に突然変化した。これが食生活のニーズに合わず，マンモスは餓死したのである。

No. 21 解答　**2**

設問の訳　研究者によると，マンモスがどのように狩猟されたと確実にわかっているか。
1 矢で射られた。
2 致命的なわなに追い込まれた。
3 武器で刺された。
4 訓練された動物に攻撃された。

解説　やりで直接刺すという方法は疑問視されている。やりを「投げる」ことと弓矢も考えられるが，確実ではない。確実なのは，1 頭を追い詰めて落とし穴に落とすという方法。これを **2** では deadly traps と言っている。犬が使われたとしても，脅かすだけで attack はしていないので **4** は誤り。

No. 22 解答　**3**

設問の訳　マンモスはどのように絶滅したと話者は言っているか。
1 人間に殺されて絶滅した。
2 大洪水で溺死した。
3 飢えで死んだ。
4 暑さに耐えられなかった。

解説　後半で，まず，人間によってマンモスが絶滅した可能性は低いと述べている。それに代わる説は，気温上昇→降水量の増大→植生の変化→食べ物の減少，という流れになり，最後に starved と言っているので，直接の原因は餓死である。気温は上昇したが暑さに耐えられなかったという根拠はなく，また，降水量は増えたが，溺死したとは言っていない。

語句
□ depict「〜を描く」　□ spear「やり」　□ pit「落とし穴」　□ precipitation「降水量」

L スクリプト ★★ : *Q-ships and U-boats*)) 038

During World War I, British ships traveling back and forth to North America were threatened by German submarines. Known as U-boats, their mission was to cut off vital supplies needed for the war effort by sinking British supply vessels. U-boats could be nearly impossible to locate and attack, so Britain attempted to lure them into ambushes using what were known as Q-ships. These were military vessels camouflaged as civilian ships. Their weapons were concealed behind removable plates, and the soldiers on board dressed as ordinary sailors.

U-boats only had a limited stock of torpedoes that they could use to attack ships from underwater. Therefore, they preferred to save them for use on military vessels. When they sighted civilian targets, they would surface and attempt to sink them with the guns on their decks. If a Q-ship could deceive a U-boat into assuming it was a civilian vessel, though, the U-boat would be an easy target. It is estimated that about 14 German U-boats were sunk using such tactics. While this is a relatively small number, it is believed that dread of Q-ships had a psychological impact on U-boat crews, making them more reluctant to attack civilian ships, and thereby saving many lives.

Questions
No. 23 What is one thing we learn about Q-ships?
No. 24 What is one effect Q-ships seem to have had?

全訳 Q シップと U ボート

　第 1 次世界大戦中，北アメリカとの間を行き来するイギリスの船はドイツの潜水艦の脅威にさらされていた。U ボートとして知られる潜水艦の任務は，イギリスの補給船を沈めることによって，戦争遂行に必要不可欠な供給を断つことであった。U ボートの位置を特定し攻撃することはほぼ不可能だったので，イギリスは Q シップとして知られたものを使って U ボートをおびき寄せ，待ち伏せしようとした。Q シップとは民間船にカモフラージュした軍艦だったのだ。武器は取り外し可能な板の裏に隠し，乗船した兵士は普通の水夫の格好をしていた。

　U ボートは，水中から船を攻撃するために使用できる魚雷を限られた在庫しか持っていなかった。そのため U ボートは，できれば軍艦の攻撃用に魚雷を温存しようとした。民間船の標的を発見すると浮上し，甲板上の銃を使って沈めようとするのが常だった。しかし，Q シップが U ボートをだまして民間船だと思わせることができたなら，U ボートはたやすい標的となるだろう。こうした策略を用いて，14 隻ほどのドイツの U ボートが沈められた

と推定されている。この数は比較的少ないが，Ｑシップへの恐怖はＵボートの乗組員に心理的影響を与え，彼らは民間船を襲うことをそれ以前よりためらうようになった。その結果，多くの命が救われた。

No. 23 解答　**1**

設問の訳 Ｑシップについてわかることの１つは何か。
1 非軍艦に偽装していた。
2 Ｕボートより速かった。
3 珍しいタイプの武器を持っていた。
4 民間船と共に移動した。

解説 前半で，Ｑシップは military vessels camouflaged as civilian ships だと言っている。camouflaged を disguised と，civilian ships を non-warships と言い換えた **1** が正解。

No. 24 解答　**1**

設問の訳 Ｑシップが与えたと思われる効果の１つは何か。
1 ドイツのＵボートの乗組員を怖がらせた。
2 ほとんどのＵボートを破壊した。
3 ドイツはＵボートの設計を変更した。
4 ドイツはＵボートの使用を増やした。

解説 ＱシップがＵボートの任務を妨害したという点がポイント。沈めたＵボートの数は少なかったが，心理的影響があったとある。最後の文の dread がキーワード。**1** ではこれを afraid で言い換えている。

語句
□ vessel「船」　□ lure「〜をおびき出す」　□ ambush「待ち伏せ」　□ torpedo「魚雷」

M　　**スクリプト**　★ : *The Pentagon Papers*　　))) 039

　　In 1971, the *New York Times* published a series of articles containing details from secret documents about the Vietnam War. Commonly known as the Pentagon Papers, these documents were leaked to the newspaper by a military analyst named Daniel Ellsberg. They contained evidence that the US government had deceived the general public numerous times regarding the conflict in Vietnam. For instance, they revealed that former President Lyndon Johnson had been making preparations to escalate the war at the same time that he was campaigning on a pledge to do the opposite during a presidential election. The government tried but failed to block the articles' publication, and the information they contained helped to fuel dissent against the war.

　　Ellsberg was arrested and tried for handing over the classified documents. However, while the trial was happening, it came to light that the then president, Richard Nixon, had authorized the burglary of Ellsberg's psychiatrist's office. He had done so in an attempt to uncover confidential information that could be used to discredit Ellsberg, but this backfired. When the lengths that Nixon had gone to in order to silence Ellsberg became public knowledge, the trial was called off and Ellsberg was cleared of all charges.

Questions

No. 25　What did the Pentagon Papers reveal about the US government?

No. 26　What was learned during Daniel Ellsberg's trial?

全訳　ペンタゴン・ペーパーズ

　　1971年にニューヨーク・タイムズ紙は，ベトナム戦争に関する機密文書の詳細を記した一連の記事を掲載した。一般にペンタゴン・ペーパーズとして知られるこれらの文書は，ダニエル・エルズバーグという名の軍事アナリストによってその新聞にリークされた。この文書には，アメリカ政府がベトナムでの紛争について一般市民を何度もだました証拠が含まれていた。例えば，リンドン・ジョンソン元大統領が戦争をエスカレートさせる準備をしながら，同時に，大統領選挙でその反対の公約を掲げて選挙運動を行っていたことを暴いた。政府は記事の掲載を阻止しようとしたが失敗し，記事に含まれていた情報は，戦争に対する異議をあおることに手を貸した。

　　機密文書を渡した罪でエルズバーグは逮捕され，裁判にかけられた。しかし，裁判が開かれている間に，当時の大統領であったリチャード・ニクソンがエルズバーグの精神科医のオフィスに強盗に入ることを許可していたことが明るみに出た。彼はエルズバーグの信頼を損ねるために使えるかもしれない機密情報を暴こうとしてそうしたのだが，これが裏目に出た。

エルズバーグを黙らせるためにニクソンがなりふり構わず行ったことが世間の知るところとなると，裁判は中止され，エルズバーグの容疑はすべて晴れた。

No. 25 解答 **3**

設問の訳 アメリカ政府についてペンタゴン・ペーパーズが明らかにしたことは何か。
1 ベトナム戦争に関する報道に影響を与えようとしていた。
2 ジョンソン大統領はベトナム戦争を支持していなかった。
3 ベトナム戦争についてうそをついていた。
4 ニクソン大統領はベトナム戦争をエスカレートさせた。

解説 前半で，政府が国民をだましていたこと，及びその具体例としてジョンソン大統領が二枚舌であったことが述べられている。国民をだましていたことをdishonestで表した **3** が正解。ニクソンはベトナム戦争を加速させたのではなく，ペンタゴン・ペーパーズの公開を阻止しようとしたので **4** は誤り。

No. 26 解答 **4**

設問の訳 ダニエル・エルズバーグの裁判中にわかったことは何か。
1 彼の精神科医が詐欺を働いていた。
2 彼が情報の一部をでっち上げた。
3 彼はニクソン大統領を助けようとしていた。
4 彼のプライバシーが侵害された。

解説 エルズバーグの裁判は後半で触れられている。裁判そのものよりも，その間に彼の精神科医のオフィスが襲われ，それがニクソンの指示だったことが説明されている。エルズバーグに関する機密情報を暴くために医師のオフィスが襲われたことを **4** が「プライバシーが侵害された」と表している。

語句
□ pledge「公約」　　　　　　　　　□ fuel「～をかき立てる［あおる］」
□ dissent「異議」　　　　　　　　　□ classified「機密の」
□ burglary「強盗（行為）」　　　　　□ psychiatrist「精神科医」
□ discredit「～の信頼を落とさせる」　□ backfire「裏目に出る」
□ lengths「（go to any lengths などの形で，行動などの）程度」

| Unit 4 | 政治・経済 |))) 040-043 | 解答・解説 ▶ p.106 |

N *No. 27*　**1**　Influence whom other people voted for.
　　　　　　2　Identify which people were politicians.
　　　　　　3　Recognize which faces had been altered.
　　　　　　4　Guess which candidate would be elected.

No. 28　**1**　Reproduce the faces of the people they had chosen.
　　　　　2　Judge which people seemed more capable.
　　　　　3　Focus on certain facial features when evaluating photos.
　　　　　4　Estimate how long a certain action would take to do.

O *No. 29*　**1**　They often fail to consider workers' feelings.
　　　　　　2　Many dislike pointing out workers' weaknesses.
　　　　　　3　They worry workers will steal their positions.
　　　　　　4　Many feel feedback is not useful to workers.

No. 30　**1**　Make suggestions to the whole team.
　　　　　2　Give feedback more frequently.
　　　　　3　Increase feedback to male workers.
　　　　　4　Understand their own biases.

P   *No. 31*   **1**   They tended to cut workers' salaries.
             2   They often failed to raise company profits.
             3   They raised their own wages significantly.
             4   They contributed greatly to inflation.

      No. 32   **1**   They often ignore the role of shareholders.
             2   They usually fail to emphasize the environment.
             3   They may decrease students' sympathy toward others.
             4   They emphasize only one way to create profits.

Q   *No. 33*   **1**   The company imitated some precedent projects.
             2   They come in many different shapes.
             3   The chickens are protected from other animals.
             4   The chickens live in cages in large numbers.

      No. 34   **1**   To enable people to enjoy eating eggs every day.
             2   To make people sympathize with chickens.
             3   To get people more closely involved with what they ate.
             4   To take a good opportunity to make a profit.

N スクリプト ★★：*Election Psychology*))) 040

Today, experts frequently use sophisticated political polls and data analysis to make election forecasts. However, a psychologist named Alexander Todorov may have found a simpler way to predict how votes will turn out. In an experiment, he showed photos of the faces of political rivals in US Congressional elections to subjects. Incredibly, the experiment's subjects were able to select the victor, based merely on a relatively brief look at the photo, with approximately 70 percent accuracy.

Todorov's method was to ask his subjects to use their gut instinct to determine which of the people portrayed in the photos was the more competent. It seems that people utilize everything from the overall shape of the face to features such as nose, chin, eyebrows, and lips to make competence determinations. The experimenters were able to achieve the same results even when subjects were allowed just a fraction of a second to make their determinations. Surprisingly, when people were allotted more time and explicitly instructed to make a careful judgment, their accuracy declined greatly, becoming no better than a random guess.

Questions

No. 27 What were the people in Todorov's experiment able to do?
No. 28 What did Todorov ask the subjects to do?

全訳 選挙の心理

現在，専門家は選挙予測のために政治に関する高度な世論調査とデータ分析を頻繁に利用している。しかし，アレクサンダー・トドロフという心理学者が，もっと簡単に投票結果を予測する方法を見つけたかもしれない。実験で，彼は被験者にアメリカ連邦議会選挙で争う候補者たちの顔写真を見せた。信じられないことに，実験に参加した被験者は単に写真を比較的短い時間見ただけで，約70％の正確さで勝者を選ぶことができた。

トドロフの方法は，写真に写っている人のうちどれがより有能かを本能的直感で判断してもらうよう被験者に頼むことだった。人々は，能力の判断に，顔の全体的な形から鼻，顎，眉毛，唇などの特徴まであらゆるものを利用しているようだった。被験者が判断するのにほんの一瞬しか与えられない場合でも，実験者は同じ結果を得ることができた。驚くべきことに，判断の時間がより多く割り当てられて注意深く判断するよう明確に指示されると，正確さは大幅に落ち，当てずっぽうと変わらなくなってしまった。

No. 27 解答　**4**

設問の訳　トドロフの実験に参加した人たちは何ができたか。
1 ほかの人が誰に投票するかに影響を与える。
2 どの人が政治家なのかを特定する。
3 どの顔が変えられたのかを認識する。
4 どの候補者が選出されるかを当てる。

解説　実験は，被験者が選挙の候補者の写真を見せられ，どちらが勝つかを当てるというもの。**4** が select the victor を全体的に言い換えている。選ぶのは当選すると思われる候補者であって，政治家ではないので **2** は誤り。

No. 28 解答　**2**

設問の訳　トドロフは被験者に何をするよう依頼したか。
1 彼らが選んだ人の顔を再現する。
2 どの人がより有能に思えるかを判断する。
3 写真を評価するときに特定の顔の特徴に注目する。
4 特定の行動をするのにかかる時間を見積もる。

解説　後半で実験の詳細が述べられている。被験者が写真を見て選ぶのは，more competent「より有能」だと思われる候補者。**2** が competent を capable と言い換えている。その際に，**3** のように顔の特徴などに注目しているようだが，それはトドロフが頼んだことではない。

語句
□ subject「被験者」　□ gut instinct「本能的直感」　□ allot *A B*「A に B を割り当てる」

○ **スクリプト** ★：*Feedback*))) 041

　　Receiving accurate feedback is essential for improving employee performance, and according to one study, the overwhelming majority of employees welcome both positive and negative feedback, as long as it is constructive. However, the same survey also reveals that individuals in management positions tend to be reluctant to offer criticisms of their subordinates' performance. This hesitancy is because they want to avoid hurting employees' feelings, but it can lead to situations where employees are unable to become more capable at their jobs or increase their productivity.

　　Researchers have also found that feedback tends to be influenced by bias. For instance, in situations involving employees assisting team members when they were not obligated to do so, it was found that men and women tended to be evaluated inconsistently. Females tended to be evaluated more harshly than males if they failed to lend a hand in such situations. Experts say that these feedback and evaluation tendencies, however, can be addressed if managers are given guidance that helps them to realize their own personal leanings. Furthermore, it seems that giving occasional, focused hints for improvement is more effective than frequent criticisms or high volumes of suggestions.

Questions

No. 29　What have researchers discovered about managers?

No. 30　What do experts recommend that managers do?

全訳 フィードバック

　　正確なフィードバックを受け取ることは，従業員の業績を向上させる上で必須である。ある研究によると，圧倒的多数の従業員は，建設的意見であれば，肯定的でも否定的でもフィードバックを歓迎している。しかし，同じ調査で，管理職の地位にある人は部下の業績を批判することをためらう傾向があることもわかっている。ためらう理由は，従業員の気持ちを傷つけたくないことだが，その結果，従業員は仕事の能力を上げたり生産性を高めたりすることができなくなる可能性がある。

　　また，フィードバックは偏見の影響を受ける傾向があることも研究者は突き止めている。例えば，従業員がその義務がないのに同じチームのほかのメンバーの支援をする状況では，男性と女性とでは，評価のされ方に一貫性がないことがわかった。女性がそのような状況で手を貸さないと，男性と比べて厳しく評価される傾向があった。しかし，専門家によると，フィードバックと評価のこうした傾向は，管理職が自分の個人的傾向に気付くよう指導されれば，対処できる。さらに，頻繁に批判したり大量の提案をしたりするよりも，改善のため

に焦点を絞ったヒントを時折与える方が効果的なようだ。

No. 29 解答 **2**

設問の訳 管理職について研究者が発見したことは何か。
1 従業員の感情を考慮しないことがよくある。
2 従業員の弱みを指摘することが嫌いな人が多い。
3 従業員が彼らの地位を盗むことを心配している。
4 従業員にとってフィードバックは役に立たないと感じる人が多い。

解説 前半で，管理職の地位にある人は tend to be reluctant to offer criticisms of their subordinates' performance だと調査でわかったと言っている。**2** がこれを全体的に言い換えている。直後で述べている理由の部分もヒントになる。

No. 30 解答 **4**

設問の訳 専門家は管理職に何をするよう推奨しているか。
1 チーム全体に提案をする。
2 フィードバックをさらに頻繁に与える。
3 男性従業員へのフィードバックを増やす。
4 自分自身の偏見を理解する。

解説 後半によると，フィードバックには，男性より女性を厳しく評価するケースがあるといった bias「偏見」が影響を与えている。これへの対処法として専門家が言っているのは，管理職を指導して realize their own personal leanings できるようにすること。personal leanings「個人的傾向」は bias のことなので，**4** が正解となる。

語句

☐ constructive「建設的な」　　　　　☐ subordinate「部下」
☐ be obligated to *do*「〜する義務がある」　☐ leaning「傾向，好み」

P スクリプト ★ : *The Effects of CEOs with Business Degrees*))) 042

　　　In recent decades, the number of companies run by CEOs with specialized business degrees called MBAs has risen substantially, growing from 25 percent in the 1980s to over 40 percent today. During this same period, workers' wages have not been keeping up with inflation, meaning that they are losing spending power. To find out whether these two phenomena were connected, economist Daron Acemoglu analyzed the effect that getting a new CEO with an MBA had on company profits and workers' wages. He found that while the average CEO with an MBA grew their firm's profits by 3 percent, they caused wages to fall by 6 percent.

　　　The question of why MBA programs have this influence does not have clear answers. One possibility is that business school curriculums have traditionally emphasized that the primary role of a CEO is to maximize shareholder profits. Another explanation is the highly privileged environment that students in MBA programs find themselves in. Students are among wealthy peers at elite institutions, and some recent studies suggest that such environments have negative effects on people's compassion and empathy for those who are less fortunate than themselves. Acemoglu plans to examine both hypotheses in a follow-up study.

Questions

No. 31　What did Daron Acemoglu's research show about CEOs with MBAs?

No. 32　What is one possible reason for MBA programs' effect on students?

全訳 ビジネスの学位を持ったCEOの効果

　この数十年で，MBAというビジネス専門の学位を持ったCEOが経営する企業の数が大幅に増えており，1980年代に25%だったのが現在は40%超になっている。この同じ期間に，労働者の賃金はインフレに追い付いておらず，それは彼らが購買力を失っていることを意味する。この2つの現象が関連しているかどうかを調べるため，経済学者ダロン・アセモグルは，MBAを持った新しいCEOの就任が企業の利益と労働者の賃金に与える影響を分析した。MBAを持った平均的なCEOは企業の利益を3%上昇させたが，賃金は6%減少させたことがわかった。

　なぜMBAプログラムがこのような影響を与えるのかという疑問には明確な答えがない。1つの可能性は，ビジネススクールのカリキュラムが伝統的に，CEOの主な役割は株主の利益を最大化することだと強調してきたことである。もう1つの説明は，MBAプログラムの学生が置かれている，非常に特権的な環境である。学生はエリート機関の裕福な仲間の中

におり，そのような環境は自分よりも恵まれない人々に対する思いやりと共感力に悪影響を及ぼすと示唆する最近の研究もある。アセモグルは両方の仮説を追跡調査で検証する予定である。

No. 31 解答 **1**

設問の訳 MBA を持つ CEO についてダロン・アセモグルの研究が示したことは何か。
  1 労働者の賃金を削減する傾向があった。
  2 しばしば企業の利益を上げることができなかった。
  3 自分たちの賃金を大幅に引き上げた。
  4 インフレに大きく貢献した。

解説 研究結果は前半の最後で述べられている。企業の利益は上昇したが，労働者の賃金はむしろ下がっていることがその内容である。**3** の CEO の給与については，何も述べられていない。

No. 32 解答 **3**

設問の訳 MBA プログラムが学生に影響を与えることの考えられる理由の 1 つは何か。
  1 株主の役割をしばしば無視する。
  2 環境を重視しないことが多い。
  3 学生の他者への共感を減少させるかもしれない。
  4 利益を生み出す方法を 1 つだけ強調する。

解説 明確な答えはないとしながらも，2 つの可能性が指摘されている。1 つは株主を重視する MBA のカリキュラム。もう 1 つは特権的な環境で，そのことが恵まれない環境にある人々への思いやりを失わせるかもしれないとしている。**3** が後者に当たる。

語句
□ degree「学位」 □ substantially「相当に」 □ privileged「特権的な」
□ hypothesis「仮説（複数形 hypotheses）」

Q　**スクリプト**　★★ : *Eglus Make Chicken-Keeping Easy*　))) 043

　　　One British marketing success in 2004 to 2005 was the Eglu, spelt E-G-L-U. Eglus, a product of the British company Omlet, are, in the words of one of the founders of the company, "the first-ever major rethink of domestic chicken keeping." They are semi-circular in shape and come in many different colors. Typically, they house around two or three chickens and come complete with a chicken run of about two square meters in area. Thus the chickens are free to run about and hunt for worms, while foxes and other predators are kept out.

　　　It is well known that children who keep pets become more self-reliant, and that keeping pets helps to offset the stress of modern urban living. Omlet has successfully capitalized on this knowledge by offering people the chance to have a different kind of pet, with the additional benefit of having fresh eggs every day. The Eglu was designed by four graduates of the Royal College of Art in London. The original intention of the designers was to find a way of enabling people to get closer to their food and improve their quality of life. With this approach, families can appreciate their food-yielding pets over a long period of time.

Questions

No. 33　What do we learn about the Eglus?

No. 34　What was the basic motive of the people who designed the Eglus?

全訳　エグルが鶏の飼育を楽にする

　　2004 ～ 2005 年のイギリス市場で成功したものの 1 つにエグルがあり，EGLU とつづる。エグルはオムレットというイギリス企業が生産しており，その企業の創始者の 1 人の言葉によれば，「家畜としての鶏の飼育を初めて大々的に再考したもの」である。エグルは半円形で，いろいろな色がある。通常，2 ～ 3 羽の鶏を収容でき，面積約 2 平方メートルの鶏が走り回る場所が付いている。そのため，鶏は自由に走り回ったり，虫をつかまえたりすることができ，キツネやほかの捕食動物からは守られている。

　　よく知られていることだが，ペットを飼っている子供は自立性がより強まり，また，ペットを飼うことは現代の都会生活でのストレスを相殺するのに役立つ。オムレットはこの知識を利用することに成功し，これまでとは異なる種類のペットを飼う機会と，さらに，毎日新鮮な卵を得られるというおまけの恩恵も提供している。エグルはロンドンにあるロイヤル・カレッジ・オブ・アートの 4 人の卒業生によって考案された。考案者の元々の意図は，人々と食べ物との距離を近づけ，生活の質を高めることができる方法を見つけることであった。

この取り組みにより, 各家庭はこの食物を産むペットを長期にわたって慈しむことができる。

No. 33 解答　**3**

設問の訳　エグルについてわかることは何か。
1 会社はいくつかの先行するプロジェクトをまねた。
2 さまざまな形で売られている。
3 鶏はほかの動物から守られている。
4 鶏は檻の中に大勢で住んでいる。

解説　第1段落最終文に, 鶏はキツネなどの捕食動物から守られているとあるので, 正解は **3**。エグルは初めての試みであることから **1** が, 卵はさまざまな色をしているが形は同じなので **2** が, 収容できる鶏は2〜3羽なので **4** が, それぞれ誤り。

No. 34 解答　**3**

設問の訳　エグルを考案した人たちの基本的な動機は何だったか。
1 人々が毎日楽しんで卵を食べられるようにすること。
2 人々に鶏に同情させること。
3 人々に自分が食べるものにより身近になってもらうこと。
4 利益を上げるよい機会を利用すること。

解説　第2段落後半に, original intention というはっきりした語句があり, 人々と食べ物の距離を近くするのが目的だった。本文の food が選択肢では what they ate になっており, 正解は **3**。**1** はメリットとして挙げられており, 事業が成功しているので **4** の利益も得られているはずだが, いずれも元々の目的ではないので誤り。

語句
□ offset「〜を相殺する」　□ capitalize on「〜を十分に利用する, 〜から利益を得る」

| Unit 5 | 自然・環境 |))) 044-047 | 解答・解説 ▶ p.116 |

R *No. 35*
1 It is not affected by carbon dioxide.
2 It can survive in hot areas with little water.
3 It is more sensitive to temperature than wheat is.
4 It does not carry out photosynthesis.

No. 36
1 Purslane's genes could spread to other plants.
2 Harvests of some plants may become smaller.
3 Photosynthesis may become less effective.
4 Certain crops may become extinct.

S *No. 37*
1 It showed Jupiter's rings were formed by comets.
2 It analyzed the ice in Jupiter's rings.
3 It brought back samples from Jupiter's rings.
4 It proved that Jupiter definitely has rings.

No. 38
1 Jupiter has never had well-formed rings.
2 Saturn's moons helped create its rings.
3 Jupiter's moons may contain ice.
4 Saturn will someday lose its rings.

T *No. 39* **1** Weather forecasts are always incorrect.
           2 Minor differences can lead to big differences in the end.
           3 Only 1% of scientific theories are accurate.
           4 Tiny variations in the weather are irrelevant.

No. 40 **1** The economy and healthcare are uncertain.
           2 The technology involved is too expensive.
           3 It is impossible to guess what actions people will take.
           4 Few scientists actually understand chaos theory.

U *No. 41* **1** They were carrying a dangerous virus.
           2 They could not keep down the number of slugs.
           3 The farmers complained about them.
           4 There was a danger that the islands' birds would die out.

No. 42 **1** The hedgehogs will all be killed.
           2 The once endangered bird species will be safe from harm.
           3 The problem will go on for many years.
           4 The hedgehogs will all be moved to another island.

Scientists have recently discovered that a common weed called purslane is capable of carrying out two different forms of photosynthesis, which is the process that allows plants to create nutrients using sunlight, carbon dioxide, and water. Some species have also evolved useful variations of photosynthesis that affect their yields or ability to survive in harsh environments. Plants such as corn and sugarcane utilize what is called C4 photosynthesis, which allows them to be much more productive than ordinary plants like wheat or soybeans, especially in high temperatures. Other plants, known as succulents, utilize what is called CAM photosynthesis, which allows them to survive in arid environments. Scientists say that purslane is the first plant ever discovered whose cells can carry out both C4 and CAM photosynthesis.

In recent years, the climate crisis has been raising concerns among scientists that yields of plants like corn could diminish by up to 25 percent by the turn of the century. Purslane's unique form of photosynthesis, however, allows it to be highly productive, even in drought conditions. Researchers are optimistic that if its genes could be transferred to other crops, it would be possible to keep them productive even in the rapidly warming future that currently threatens humanity.

Questions

No. 35   What is one thing we learn about purslane?

No. 36   What are scientists worried may happen in the future?

全訳 スベリヒユ

スベリヒユというありふれた雑草が2つの異なる形態の光合成を行うことができることを，科学者たちが最近発見した。光合成とは，植物が日光，二酸化炭素，水を使って栄養素を作ることを可能にするプロセスである。中には，収穫量や困難な環境でも生き残る能力に影響を与える光合成の有用なバリエーションを進化させた種もある。トウモロコシやサトウキビのような植物はC4光合成と呼ばれるものを利用しており，これにより，特に気温が高いときに小麦や大豆のような普通の植物よりも生産性が非常に高くなる。多肉植物として知られるほかの植物はCAM光合成と呼ばれるものを利用しているが，これは非常に乾燥した環境でも生存することを可能にする。科学者によると，スベリヒユはその細胞がC4とCAMの両方の光合成を行えることが発見された最初の植物である。

近年，科学者の間で，気候危機によりトウモロコシなどの植物の収穫量が今世紀の終わりまでに最大で25%減少するかもしれないとの懸念が高まっている。しかし，スベリヒユの

独特な光合成の形態は，干ばつ状態でも高い生産性を可能にする。研究者たちは，スベリヒユの遺伝子をほかの作物に移植することができれば，現在人類を脅かしている，急速に温暖化する未来においてさえも，生産性を保つことができるだろうと楽観視している。

No. 35 解答　**2**

設問の訳　スベリヒユについてわかることの１つは何か。
1 二酸化炭素に影響されない。
2 水がほとんどない暑い地域でも生存可能だ。
3 小麦よりも気温に敏感だ。
4 光合成を行わない。

解説　スベリヒユの特徴は前半で説明されており，C4 と CAM の 2 種類の光合成を行うこと。前者は気温が高い環境に強く，後者は乾燥に強い。この 2 つを合わせた **2** が正解となる。

No. 36 解答　**2**

設問の訳　将来何が起こるかもしれないと科学者は心配しているか。
1 スベリヒユの遺伝子がほかの植物に広がるかもしれない。
2 ある種の植物の収穫量が減るかもしれない。
3 光合成の効果が少なくなるかもしれない。
4 ある種の作物が絶滅するかもしれない。

解説　懸念されているのは，トウモロコシなどの収穫量が最大で 25% 減少することなので，**2** が正解。スベリヒユはその問題を解決するものとして期待されているので，**1** はむしろよいことである。

語句
□ purslane「スベリヒユ」　□ photosynthesis「光合成」　□ succulent「多肉植物」
□ arid「非常に乾燥した」　□ drought「干ばつ」

S スクリプト ★ : *The Rings of Jupiter*))) 045

Though far less well known than the magnificent rings around the planet Saturn, there is a small, faint set of rings around Jupiter as well. However, they are undetectable from Earth-bound telescopes. Sensors on the *Pioneer 10* spacecraft, which passed by Jupiter in the early 1970s, gave indications that there could be an unknown moon or set of rings near the planet. However, it was not until they were spotted by the *Voyager 1* space probe later in the decade that the rings' existence was confirmed. Saturn's rings are formed from ice and were delivered to the planet by comets, whereas analysis of Jupiter's rings has indicated that they are made up of dust.

Scientists have long wondered if Jupiter may have had a more substantial set of rings earlier in its history, so they performed various computer simulations to determine how likely it was. The data showed that Jupiter's enormous moons are responsible for its flimsy rings. Their gravity seems to remove ice from the planet's orbit or attract it to themselves, which makes it theoretically impossible to form any Saturn-like rings. Massive planets like Jupiter tend to have numerous massive moons, so it is likely that had Saturn been larger, it would not have such spectacular rings.

Questions

No. 37 How did the *Voyager 1* space probe increase our knowledge of Jupiter?

No. 38 What did the computer simulations suggest?

全訳 木星の輪

　土星の周りの壮麗な輪に比べるとほとんど知られていないが，木星の周りにも小さくてかすかな 1 組の輪がある。しかし，それらは地球に据えられた望遠鏡では見つけることができない。1970 年代初頭に木星を通過した宇宙船バイオニア 10 号のセンサーが，その惑星の近くに未知の衛星か 1 組の輪が存在する可能性を示した。しかし，70 年代の末に宇宙探査機ボイジャー 1 号によって発見されたことで，初めて輪の存在が確認された。土星の輪は氷でできており，彗星によって土星まで運ばれたが，一方，木星の輪はちりでできていることが分析で示された。

　科学者たちは，木星にはその歴史の初期にもっとしっかりとした 1 組の輪があったのではないかと長い間疑問に思っていたので，その可能性を検証するためさまざまなコンピューターシミュレーションを行った。データが示すところでは，木星の巨大な衛星がその薄い輪の原因である。衛星の引力が，木星の軌道から氷を引き離すか，自分たちに引き寄せるかし

ているようである。それにより，土星のような輪ができるのは理論上不可能になる。木星の
ように巨大な惑星は多数の巨大な衛星を持つ傾向があるので，もし土星がもっと大きかった
ら，これほど壮観な輪はなかっただろう可能性が高い。

No. 37 解答 **4**

設問の訳 宇宙探査機ボイジャー 1 号はどのようにして木星に関する私たちの知識を増や
したか。
1 木星の輪は彗星によって形成されていることを示した。
2 木星の輪の氷を分析した。
3 木星の輪からサンプルを持ち帰った。
4 木星には間違いなく輪があることを証明した。

解説 パイオニア 10 号が木星の輪の可能性を示したが，確認できたのはボイジャー 1
号の発見によるので，**4** の proved「～を証明した」がキーワードである。木星
の輪の分析も同時に行っているが，木星の輪は氷ではなくちりでできていること
がわかったので **2** は誤り。

No. 38 解答 **1**

設問の訳 コンピューターシミュレーションは何を示唆したか。
1 木星にうまく形成された輪があったことはない。
2 土星の衛星はその輪の形成を助けた。
3 木星の衛星は氷を含んでいる可能性がある。
4 土星はいつかその輪を失う。

解説 シミュレーションでわかったのは，木星は大きいので大きな衛星が多く，それら
が土星のような立派な輪の形成を邪魔しているということ。形成は理論上不可能
なので，**1** が正解となる。

語句
□ faint「わずかな」 □ spot「～を見つける」 □ space probe「宇宙探査機」
□ flimsy「薄っぺらい」

T スクリプト ★ : *Chaos Theory*)) 046

It is not easy to make accurate weather forecasts for more than a short time ahead. To find out why it is so difficult, we need to look at a relatively new science called chaos theory. The father of chaos theory is a meteorologist called Edward Lorenz. In the late 1960s, Lorenz was working on weather forecasting at the Massachusetts Institute of Technology. In the course of his work, he discovered that very tiny variations in the initial weather conditions could produce large variations in the final results. It had previously been assumed that initial variations in weather conditions of less than 0.1 percent could be ignored. Lorenz showed that these minor variations in the weather should not be overlooked, and the theory that was developed on the basis of his observations came to be called chaos theory.

In practical terms, Lorenz's findings meant that it was impossible to predict the weather accurately for more than a few days ahead, and that is still the case today. Later on, the same theory was also applied to a range of different social sciences, ranging from economics to healthcare. In all these fields, the initial conditions involve human behavior, and because human behavior is unpredictable, accurate forecasting is nearly impossible.

Questions

No. 39　What is the main idea behind chaos theory?

No. 40　Why is accurate forecasting in the social sciences difficult?

全訳 カオス理論

　短期間先より長い期間の正確な天気を予報することは簡単ではない。なぜそれほど難しいのかを知るには，カオス理論と呼ばれる，比較的新しい科学を見てみる必要がある。カオス理論の父はエドワード・ローレンツという気象学者である。1960 年代後半，ローレンツはマサチューセッツ工科大学で天気予報の研究をしていた。研究の過程で，彼は，気象状況の始まりにおける非常に小さな変異が，最終結果において大きな変異を生み出し得ることを見いだした。それまでは，気象状況の始まりの 0.1％未満の変異は無視できると考えられていた。ローレンツは，天気におけるこうした小さな変異は見過ごされるべきではないということを示し，彼の観察に基づいて発展した理論はカオス理論と呼ばれるようになった。

　実際の面から言えば，ローレンツの発見が意味するところは，数日先より長い期間の天気を正確に予測するのは不可能であるということになり，それは今でも同じである。その後，同じ理論が経済学から医療に至るさまざまな社会科学にも応用された。それらすべての分野において，始まりの状況には人間の行動が含まれている。人間の行動は予測不可能なので，

正確な予測はほぼ不可能なのだ。

No. 39　解答　2

設問の訳　カオス理論の背後にある主な考えは何か。
1　天気予報は常に誤っている。
2　小さな違いが最後に大きな違いにつながる可能性がある。
3　科学的理論のうち正確なのは 1 ％にすぎない。
4　天気における小さな変異は無関係である。

解説　第 1 段落の中ほどにヒントがある。tiny variations, produce, large variations の関係を正確に聞き取ることがポイント。小さな変異は無視してよいと以前は考えられていたが，大きな結果の違いを生み出すことがあるとわかったので，正解は 2 。

No. 40　解答　3

設問の訳　社会科学における正確な予測が難しいのはなぜか。
1　経済と医療が不確定である。
2　関連する技術が高額過ぎる。
3　人間がどんな行動を取るかは予測不可能である。
4　カオス理論を実際に理解している科学者がほとんどいない。

解説　第 2 段落によると，長期にわたる正確な予測が難しいのは天気だけではなく，ほかのさまざまな分野でも同じである。その理由は，最後の文によると，始まりの状況に含まれる人間の行動が予測不可能だから。本文の human behavior is unpredictable を 3 が全体的に言い換えている。

語句
□ meteorologist「気象学者」　□ in practical terms「実際面で」

U **スクリプト** ★★ : *War Against Hedgehogs*)) 047

In a quiet group of islands off the coast of Scotland, an unusual drama played out. In 1973, a resident of one of the islands brought in seven hedgehogs to try to keep down the slugs and other pests in his garden. Unfortunately, some of the hedgehogs escaped. To their delight, they found that they could breed freely and had a plentiful supply of birds' eggs. Thirty years later, the number of hedgehogs increased to an estimated 4,000, and the birds whose eggs formed the hedgehogs' main food supply became in danger of extinction. To prevent this, the authorities decided that some of the hedgehogs had to be killed, and in 2003, 66 hedgehogs were gotten rid of, at an estimated cost of 1,500 pounds per hedgehog.

By this time, however, the British Hedgehog Preservation Society had stepped in. To protest against the killing of hedgehogs, which were on the decline in many parts of Britain, members of the society formed a group of volunteers to go to the islands and try to save the hedgehogs. Through their intervention, the plan to kill the hedgehogs was abandoned. Following this, there was a strong focus on catching the hedgehogs and taking them to the mainland of Britain, but not with huge success over many years of struggle.

Questions

No. 41 Why did the authorities decide to kill hedgehogs?

No. 42 What does the speaker think will likely be the outcome of the hedgehog problem?

全訳 ハリネズミとの戦い

スコットランド沖の静かな島々で変わったドラマが繰り広げられた。1973 年，島の 1 つの住人が庭のナメクジやその他の害虫を駆除するため，7 匹のハリネズミを持ち込んだ。不幸なことに数匹のハリネズミが逃げ出した。ハリネズミたちは，うれしいことに，自由に繁殖でき，鳥の卵が豊富にあることを発見した。30 年後，ハリネズミの数は推定 4,000 匹に増え，卵がハリネズミの主食となった鳥は絶滅の危機に陥った。これを防ぐため，当局はハリネズミの一部を駆除する決定を下し，2003 年に 66 匹のハリネズミが駆除され，ハリネズミ 1 匹当たり推定 1,500 ポンドが費やされた。

しかし，このときまでにイギリスハリネズミ保護協会が割って入っていた。イギリスの多くの地域で減少傾向にあるハリネズミを駆除することに抗議して，協会員たちはボランティアグループを組織し，島へ行ってハリネズミを救おうと試みた。彼らの介入により，ハリネズミを駆除しようとする計画は放棄された。その後，ハリネズミを捕獲してイギリス本島に

連れて行くことに主眼が置かれるようになったが，長年にわたる努力を経ても大きな成功には至っていない。

No. 41 解答　**4**

設問の訳　当局がハリネズミを駆除しようと決定したのはなぜか。
1 ハリネズミは危険なウイルスを持っていた。
2 ハリネズミはナメクジの数を減らせなかった。
3 農家からハリネズミについて苦情が出た。
4 島の鳥が絶滅の危機にあった。

解説　第1段落後半にヒントがある。鳥の卵を食べるハリネズミが激増したことで，その鳥が絶滅の危機に陥ったことが，ハリネズミ駆除の動きのきっかけである。本文の extinction が選択肢では die out と言い換えられている。

No. 42 解答　**3**

設問の訳　ハリネズミ問題はどんな結果になりそうだと話者は考えているか。
1 ハリネズミはすべて駆除される。
2 かつて危機にあった鳥の種は害から守られるだろう。
3 その問題は何年も続くだろう。
4 ハリネズミはすべて別の島へ移される。

解説　最後の文にヒントがある。駆除計画は保護団体からの抗議を受けて破棄され，ハリネズミを別の場所へ移動させる動きがあるが，まだ大きな成功には至っていないというのが結論。ここから **3** が正解だと推測できる。**2** も **4** も人々が目指している内容ではあるが，まだ成功には至っていないので誤り。

語句
□ hedgehog「ハリネズミ」　□ keep down「（害虫など）を減らす［除去する］」
□ slug「ナメクジ」　　　　□ pest「害虫」　　　　□ step in「仲裁に入る」

Chapter 4

Part 3 練習問題

| **Unit 1** | 個人に向けた説明① |))) 048-051 | 解答・解説 ▶ p.128 |

A *No. 1* **Situation:** You are opening a bank account. You want the best interest rate, but you use your debit card at least twice a week and want to avoid fees. A bank employee tells you the following.

Question: Which account should you choose?

1 Savings Gold.
2 Savings Silver.
3 All Inclusive.
4 Star Checks.

B *No. 2* **Situation:** You want to get a dog. You have a two-year-old daughter, and no one in your family can stay at home all day with the dog. A breeder is telling you about different types of dogs.

Question: What kind of dog should you get?

1 A goldendoodle.
2 An English setter.
3 A basset hound.
4 A chihuahua.

C *No. 3*   ***Situation:*** You are visiting a garden center to buy plants. Your garden does not get a lot of sunlight, and you do not have much time for gardening. A salesperson is showing you some plants.

Question: What type of plant should you get?

1 The hydrangeas.
2 The azaleas.
3 The columbines.
4 The roses.

D *No. 4*   ***Situation:*** You are looking for a good book to read. You want a story with originality and realistic characters. A bookstore employee is giving you recommendations.

Question: Which book should you read?

1 *Spring Winds.*
2 *Wailing.*
3 *Craig McTavish.*
4 *The Sound of Sin.*

A　スクリプト　))) 048

You have 10 seconds to read the situation and Question No. 1.

☆：　We offer both savings and checking accounts. Our savings accounts have higher interest rates, but there can also be transaction fees for things like writing checks, making withdrawals, and debit purchases. We have two savings options. First, our Savings Gold account offers 1.3 percent interest annually. You won't find a higher rate at other banks. There is a $5 charge per transaction, though. Next, Savings Silver offers 1.1 percent interest annually and has the same charges, but allows five complimentary transactions each month. We also have two checking accounts. First, there's our All Inclusive account, which offers unlimited complimentary transactions. Its interest rate is 0.7 percent, and there are no account maintenance charges. Finally, our Star Checks account offers 0.9 percent interest and also has no transaction fees. There is a monthly maintenance charge of $4.99, though.

Now mark your answer on your answer sheet.

全訳

　私どもには普通預金と当座預金の両方の口座がございます。普通預金口座の方が利率が高いのですが，小切手の発行，引き出し，デビットカードでの購入などの取引には手数料がかかる場合もあります。普通預金には 2 つの選択肢があります。まず，ゴールド普通口座は毎年 1.3% の利子がつきます。これより高い利率は他行にはありません。ただ，1 回の取引に 5 ドルの手数料がかかります。次に，シルバー普通口座は毎年 1.1% の利子がつき，手数料は同じですが，毎月 5 回の取引が無料になります。また，当座預金口座も 2 種類ございます。まずは，オール・インクルーシブ口座で，こちらは無料の取引が無制限です。利率は 0.7% で，口座維持管理費が無料です。最後になりますが，当行のスター・チェックス口座は 0.9% の利子で，こちらも取引手数料は無料です。ただし，毎月 4.99 ドルの維持管理費がかかります。

No. 1　解答　**3**

状況の訳　あなたは銀行口座を開こうとしている。利率が最もよいものを選びたいが，あなたはデビットカードを少なくとも週に 2 回使うので，手数料は避けたい。銀行員が次のことをあなたに話す。

設問の訳　あなたはどの口座を選ぶべきか。
1 ゴールド普通。
2 シルバー普通。

3 オール・インクルーシブ。

4 スター・チェックス。

解説　ゴールド普通口座とシルバー普通口座は取引手数料がかかる。シルバーは毎月5回まで無料だが、あなたはデビットカードを「少なくとも週に2回」使うので、必ず手数料がかかる。スター・チェックスは手数料はかからないが、維持管理費がかかるので対象外。利率が低くても取引が無料で無制限のオール・インクルーシブが最も条件に合う。

語句

□ savings account「普通預金口座」　□ checking account「当座預金口座」
□ transaction fee「取引手数料」　□ complimentary「無料の」

．．

B 　スクリプト　　　　　　　　　　　　　　　　　　　　　))) 049

You have 10 seconds to read the situation and Question No. 2.

★★： So, let me tell you about some of my favorite dog breeds. I have a goldendoodle myself, and they're gorgeous. It's a cross between a poodle and a golden retriever. They're very affectionate and rarely get aggressive. They do suffer from separation anxiety, however, and that can make them destructive. English setters are another breed I like. They're incredibly smart and can learn lots of tricks. They do need company and are likely to do a lot of barking and chewing without it. They're quite mild-mannered and agreeable, so they're ideal for families with young children. Basset hounds are similar in terms of their temperament, but they're quite independent, so they're likely to just nap most of the day if you're out. You'd think cute little dogs like chihuahuas would be excellent with children, but they're fragile, and may bite if provoked. They don't suffer from separation anxiety, though.

Now mark your answer on your answer sheet.

全訳

　では、私の好きな犬種のいくつかについてお話しします。私自身はゴールデンドゥードルを飼っていて、とても素晴らしい犬です。プードルとゴールデンレトリバーの交配種です。とても愛情深く、攻撃的になることはほとんどありません。ただ、分離不安症になり、それが理由で破壊行動を取ることがあります。イングリッシュセッターは私が好きなもう1つの犬種です。信じられないほど賢く、芸をたくさん覚えられます。彼らは仲間が必要で、いないと、たぶんよくほえたりかんだりするでしょう。とても行儀がよくて愛想がよいので、小さなお子さまのいるご家庭に最適です。バセットハウンドも気質の点では似ていますが、

独立心がかなり強いので，人が外出していたら，たぶん1日ほとんど寝ているでしょう。チワワのような小さくてかわいい犬が子供には最適だろうと思われるでしょうが，そうした犬は体が弱く，怒らせるとかむことがあります。ただし，分離不安症になることはありません。

No. 2　解答　**3**

状況の訳　あなたは犬を飼いたいと思っている。あなたには2歳の娘がいて，家族の中で終日犬と一緒に家にいられる人はいない。ブリーダーがあなたにいろいろな種類の犬について話している。

設問の訳　あなたはどの種類の犬を飼うべきか。

1 ゴールデンドゥードル。

2 イングリッシュセッター。

3 バセットハウンド。

4 チワワ。

解説　ポイントは子供に害を与えない種であることと，家に誰もいなくても大丈夫な気質であること。**1**と**2**は誰もいないと不安を感じるので対象外。**4**は攻撃的になることがあるので対象外。バセットハウンドについて言っている similar in terms of their temperament がポイント。直前のイングリッシュセッターに似て行儀と愛想がよく，小さい子供のいる家庭向きということになり，かつ人が外出していても平気なので，条件に合う。

語句

□ cross「交配種」　□ agreeable「愛想がよい」　□ temperament「気質」
□ fragile「虚弱な」　□ provoke「～を怒らせる」

スクリプト 　　　　　　　　　　　　　　　　　　　　　　　　　》) 050

You have 10 seconds to read the situation and Question No. 3.

★：　First, let me show you these hydrangeas. The colors are just gorgeous. They're not very fond of the sun, as it scorches their leaves, so partial shade—that's four to six hours of sunlight per day—is best for them. They also require constant watering, or they'll quickly wither. These pink azaleas are very popular right now. They do well in full sun—that's at least eight hours—or partial shade. They're also quite high-maintenance, as they require a lot of fertilizer. And here we have some columbines. They'll thrive in shade or partial shade. They're actually a wildflower, so they're quite hardy. Finally, we have these roses. Some roses like full sun, but these can tolerate partial shade as well. They do require a substantial time commitment, however, and they're very sensitive to drought.

Now mark your answer on your answer sheet.

全訳

　まず，こちらのアジサイをご紹介します。色がとても華やかです。葉が焦げるので，太陽をあまり好みません。なので，1日当たり4〜6時間の部分的な日照が最適です。また，常に水やりが必要で，そうしないとすぐに枯れてしまいます。こちらのピンクのツツジは今とても人気です。少なくとも8時間の完全な日照または部分的な日照でよく育ちます。たくさんの肥料が必要なので維持もかなり大変です。そして，こちらにはオダマキがあります。日陰か部分的な日照でよく育ちます。実は野草なので，かなり丈夫です。最後はこちらのバラです。バラの中には完全な日照を好むものもありますが，こちらは部分的な日照にも耐えられます。ただ，かなりの時間手をかける必要があり，乾燥にもとても弱いです。

No. 3　解答　**3**

状況の訳　あなたは植物を買うためにガーデンセンターを訪れている。あなたの庭にはあまり太陽が当たらず，世話をする時間はあまりない。販売員が植物を案内している。

設問の訳　あなたはどのタイプの植物を買うべきか。
　1 アジサイ。
　2 ツツジ。
　3 オダマキ。
　4 バラ。

解説　植物名が難しいが，日本語名がわからなくても，それぞれの特徴を捉えることができればよい。条件は世話が大変でないことと，庭にはあまり日が差さないので，

日陰で育てられること。**3** は shade でもよく育ち，hardy なので手間がかからないことになる。

□ hydrangea「アジサイ」　□ scorch「〜を焦がす」　□ wither「枯れる」
□ azalea「ツツジ」　□ columbine「オダマキ」　□ thrive「よく育つ」　□ hardy「丈夫な」

D　スクリプト　))) 051

You have 10 seconds to read the situation and Question No. 4.

★: One great novel you might enjoy is *Spring Winds*. It's a metaphorical novel with a fascinating environmental message. Each character represents a human attitude toward nature, so the characters lack realism, but they're quite interesting. And I've never read such an imaginative plot. Another great book is *Wailing*, which is a psychological thriller. It's about the relationship between two sisters who are huge rivals, and they're really portrayed with incredible depth. The plot doesn't compare with the imagination of *Spring Winds*, though. Then there's *Craig McTavish*, a murder mystery set in Scotland. I felt the characters were every bit as authentic as the ones in *Wailing*, and the plot was marvelously inventive. Finally, *The Sound of Sin*, which is a coming-of-age story, is worth reading too. The characters are exquisitely drawn, although it was a bit imitative in its plot.

Now mark your answer on your answer sheet.

全訳

　あなたが楽しめるかもしれない素晴らしい小説の1つが『春風』です。これは環境に関する魅力的なメッセージを含んだ比喩的な小説です。それぞれの登場人物が自然に対する人間の態度を表しているので，登場人物は現実味に欠けますが，とても興味深いです。それに，私はこれほど想像力豊かなプロットを読んだことがありません。もう1冊の素晴らしい本は『悲嘆の声』で，これは心理スリラーです。強大なライバルである2人の姉妹の関係がテーマで，信じられないくらい深みを持った描写が成されています。ただし，プロットは『春風』の想像力にかないません。それから，『クレイグ・マクタビッシュ』という，スコットランドを舞台にした殺人ミステリーがあります。登場人物が『悲嘆の声』とまったく同じくらい真に迫っていましたし，プロットも驚くほど独創的でした。最後は『罪の音』で，これも読みごたえのある成長物語です。プロットはちょっと模倣的ですが，登場人物の描き方は見事です。

No. 4　解答　**3**

【状況の訳】　あなたは読むのによい本を探している。オリジナリティーがあり，現実味のある登場人物の物語がいいと思っている。書店員がお薦めの本を教えてくれる。

【設問の訳】　あなたはどの本を読むべきか。

　　　　1『春風』。

　　　　2『悲嘆の声』。

　　　　3『クレイグ・マクタビッシュ』。

　　　　4『罪の音』。

【解説】　条件は「オリジナリティー」と登場人物の「現実味」。**1** は lack realism などから誤りとわかる。**2** は『春風』ほど想像的ではないので，**4** はプロットが模倣的なので，それぞれオリジナリティーに欠ける。**3** の登場人物について言っている authentic は realistic とほぼ同義で，プロットについて言っている inventive はオリジナリティーがあるということであり，これが正解。

【語句】

□ metaphorical「比喩的な」　　□ plot「プロット，筋」　　□ authentic「本物の」

□ inventive「独創的な」　　　　□ coming-of-age story「成長物語」

□ exquisitely「この上なく見事に」　□ imitative「まねをした」

| **Unit 2** | 個人に向けた説明② |))) 052-055 | 解答・解説 ▶ p.136 |

E *No. 5* ***Situation:*** You are hoping for a promotion. You want to stay in the same city and also want to maintain your work-life balance. A coworker is giving you advice.

Question: Where should you transfer to?

1 The Martin Street branch.
2 The East Heights branch.
3 The Eggerton branch.
4 The Weston branch.

F *No. 6* ***Situation:*** You are urgently searching for a retirement home for your mother. The most important criteria are good food and a nice building. A friend is telling you about local facilities.

Question: Where should your mother live?

1 At Rosedale Hills.
2 At Weston Riverside.
3 At Markham Manor.
4 At Landon House.

G *No. 7*   ***Situation:*** You want a transcription app for your business. You want the most reliable product you can get for the lowest possible price. A friend is giving you advice.

Question: Which app should you try?

1   Speak and Scribe.
2   Perfect Scribe.
3   EasyScribe.
4   Scribe4U.

H *No. 8*   ***Situation:*** You are at an airport and must get to a downtown hotel with 5 big pieces of luggage. You are not in any rush. An airport staff member gives you the following information.

Question: What should you do?

1   Get a taxi.
2   Go to Terminal B.
3   Board the subway.
4   Look for an Information Desk.

E スクリプト 〈)) 052

You have 10 seconds to read the situation and Question No. 5.

★： I looked into transfer possibilities, and there are a couple of openings at the Martin Street branch. The reason they always have vacancies, though, is that the manager treats her staff like slaves. It would be in the same city, and due to the high staff turnover, you'd likely become manager pretty quickly. Then there's the East Heights branch on the opposite side of town. Things are said to be a lot saner there. It might take a bit longer to move up, but there's definitely potential for advancement. If you don't mind being out of state, the Eggerton branch needs a new assistant manager, and you'd be almost certain to get it. The overtime is pretty low there too. Finally, the Weston branch here in town needs someone. The promotion opportunities are pretty much nil there, but it might be the best for work-life balance.

Now mark your answer on your answer sheet.

全訳

　異動の可能性を調べてみたら，マーティンストリート支店にいくつか空きがある。ただ，いつでも空きがある理由は，店長がスタッフを奴隷のように扱っていることなんだ。同じ市内ではあるし，スタッフの入れ替わりが激しいから，割とすぐに店長になれるだろうね。それから，町の反対側にイーストハイツ支店がある。そこはずっと健全だと言われているよ。昇進するまで少し時間がかるかもしれないけど，昇進の可能性は十分にある。州外に出ることをいとわないなら，エガートン支店が新しいアシスタント・マネージャーを必要としていて，君ならほぼ確実に採用されるよ。そこは残業もかなり少ない。最後は，市内のウエストン支店が人を必要としている。そこでは昇進の可能性はほとんどないが，ワークライフバランスには最適かもしれない。

No. 5 解答 **2**

状況の訳　あなたは昇進を希望している。あなたは同じ市にとどまり，ワークライフバランスも維持したいと思っている。同僚がアドバイスをしてくれる。

設問の訳　あなたはどこに異動すべきか。
1 マーティンストリート支店。
2 イーストハイツ支店。
3 エガートン支店。
4 ウエストン支店。

解説　**1** は市内にあり昇進の可能性もあるが，仕事環境が悪いのでワークライフバラン

スの条件が満たされない。**2** は市内で仕事環境もよく（saner），昇進の可能性もあり，これが正解。**3** は州外なので条件に合わず，**4** は昇進の可能性がほぼない。

語句

□ transfer「転勤，異動」　□ vacancy「空き」　　□ turnover「入れ替わり」
□ sane「健全な」　　　□ move up「昇進する」　□ nil「ゼロ」

....

F　**スクリプト**　　　　　　　　　　　　　　　))) 053

You have 10 seconds to read the situation and Question No. 6.

★：　There are quite a few nice retirement homes in town, and they're mostly in the same price range. My father lives at Rosedale Hills. Its major selling point is the gourmet food it serves. In fact, he's gained 5 kilograms since moving in. It is getting rather decrepit, though. My aunt lives at Weston Riverside. She's always grumbling about the food there, so that might be a strike against it. The facilities are amazingly luxurious, and the staff really goes all out to make the residents feel at home. Markham Manor is known for its fantastic dining. It's also got beautiful facilities. I'm afraid there are no vacancies there at the moment, however. Finally, there's Landon House. It's got excellent food. And the facilities were getting rather run-down, but they've had a major renovation, so they're gorgeous now.
Now mark your answer on your answer sheet.

全訳

　町には立派な老人ホームがたくさんあり，ほとんどが同じ価格帯です。私の父はローズデール・ヒルズに住んでいます。ここの最大の売りは提供されるグルメな食事です。実際，父は入居してから 5 キロ体重が増えました。ただ，だいぶ老朽化が進んでいます。私の叔母はウエストン・リバーサイドに住んでいます。彼女はいつもそこの食事について不満を言っているので，それがそこのマイナス要因かもしれません。施設は驚くほど豪華で，スタッフは入居者がくつろげるように全力でがんばっています。マーカム・マナーは素晴らしい食事で有名です。また，施設もきれいです。しかし，あいにく今ここは空きがありません。最後はランドン・ハウスです。ここは食事が素晴らしい。施設はかなり老朽化していましたが，大規模な改修をしたので現在は豪華です。

No. 6　解答　**4**

状況の訳　あなたは母親のために老人ホームを緊急に探している。最も重要な基準はおいしい食事と立派な建物だ。友人があなたに地元の施設について教えてくれる。

設問の訳　あなたの母はどこに住むべきか。

1 ローズデール・ヒルズに。

2 ウエストン・リバーサイドに。

3 マーカム・マナーに。

4 ランドン・ハウスに。

解説　食事と建物，さらにすぐに入居できるかどうかがポイント。**1** は施設が古く，**2** は食事がおいしくない，**3** はすぐに入れない，という問題がそれぞれある。**4** は食事はおいしく，施設は老朽化していたが改修したので条件に合う。renovation がキーワードになる。

語句

□ gourmet「グルメの，おいしい」　□ decrepit「老朽化した」　□ grumble「不平を言う」

□ strike「マイナス要因」　　　　　□ go all out to *do*「全力で〜をする」

□ run-down「荒れ果てた」

You have 10 seconds to read the situation and Question No. 7.

★：　I've tried various transcription apps and having software that converts a recording of a meeting into written notes is a real timesaver. However, you should be cautious because some of them make a lot of mistakes. One I tried is called Speak and Scribe. It's $30 per month, and in terms of accuracy, it's pretty mediocre. I was spending huge amounts of time going over the notes to correct things. Another one is Perfect Scribe. It's $40 per month. It doesn't really live up to its name as the text is always riddled with inaccuracies. EasyScribe is also $40 a month, and I found it to be extremely precise, and it was the speediest of all the apps I tried. Finally, there's an app called Scribe4U. They charge $35 a month, and the quality is equivalent to EasyScribe's, although it took a while to get the hang of it.

Now mark your answer on your answer sheet.

全訳

　いろいろな文字起こしアプリを試しましたが，会議の録音を文字のメモに変換するソフトを持っていると本当に時間の節約になります。しかし，中にはミスが多いものもあるので，注意が必要です。私が試したものの1つはスピーク・アンド・スクライブというものです。毎月30ドルで，正確さの点では，まったくもって普通です。メモをチェックしていろいろ直すのにものすごく時間がかかりました。ほかにパーフェクト・スクライブがあります。毎月40ドルです。テキストはいつも間違いでいっぱいなので，あまり名前にふさわしくありません。イージースクライブも毎月40ドルで，すごく正確だと思いました。それに，私が試したすべてのアプリの中で最も高速でした。最後に，スクライブ4Uという名前のアプリがあります。料金は毎月35ドルで，品質はイージースクライブと同等です。ただ，こつがわかるまで時間がかかりました。

No. 7　解答　**4**

状況の訳　あなたは仕事用の文字起こしアプリが欲しい。あなたは可能な限り低価格で，最も信頼できる製品が欲しいと思っている。友人がアドバイスをしている。

設問の訳　あなたはどのアプリを試すべきか。
1 スピーク・アンド・スクライブ。
2 パーフェクト・スクライブ。
3 イージースクライブ。
4 スクライブ4U。

> **解説** 正確さと価格がポイント。**1** と **2** は正確さの点で問題があるので，対象から外れる。**3** の評価が高いが，**4** が同等の品質で価格はこちらの方が安い。**3** の方がスピードが速いが，スピードは条件に入っていない。

語句

□ transcription「文字起こし」　　　　□ mediocre「並の，可もなく不可もない」

□ go over「～を検査する」　　　　　 □ live up to「（期待など）に沿う」

□ be riddled with「（欠点）で満ちている」　□ get the hang of「～のこつがわかる」

H　**スクリプト**　　　　　　　　　　　　　　))) 055

You have 10 seconds to read the situation and Question No. 8.

★★： So … arriving passengers looking to travel to the downtown area have several choices. Getting whisked away in a taxi is your best choice for privacy and comfort. The taxi stand is outside Terminal A. Taxis can usually hold up to 4 big bags. Another choice is the ride share service, which is economical, but offers very limited luggage space. You can find it outside Terminal B. Both of these options have to navigate slow downtown traffic. Subway lines can avoid that and get you into the city faster. Luggage could be a complication, though realistically, it's still possible to bring one or two bags. If you opt for the subway, head to Terminal D. There's a station there. Of course, shuttle buses are the cheapest choice, but also the slowest. Their storage space can typically carry all of your luggage, no matter how many pieces you have. Buses depart from Terminal F, and you can get a bus schedule at any Information Desk. Now mark your answer on your answer sheet.

全訳

　そうですね……到着のお客さまで繁華街へ向かわれるご予定の方には選択肢がいくつかあります。タクシーでさっと移動されるのが，プライバシーと快適さの点から考えてベストの選択肢です。タクシー乗り場はＡターミナルの外にあります。タクシーはたいてい大きなかばんを４つまで積むことができます。別の選択肢はライドシェアサービスです。お得ですが，荷物のスペースがとても限られています。乗り場はＢターミナルの外にあります。この２つの選択肢はどちらも繁華街の渋滞を通らなければなりません。地下鉄ならそれを避けて市内にもっと速く到着できます。荷物は厄介な問題かもしれませんが，現実的には，それでも１，２個持ち込むことは可能です。地下鉄を選ぶならＤターミナルへ向かってください。そこに駅があります。もちろん，シャトルバスが最も安い選択肢ですが，一番遅くもなります。通常，いくつ荷物を持っていようと，荷物はすべて荷物用スペースに入れるこ

とが可能です。バスは F ターミナルから出発します。バスの時刻表はどのインフォメーションデスクでも入手できます。

No. 8 解答 **4**

状況の訳 あなたは空港にいて，5 つの大きな荷物を持って繁華街のホテルに行かなければならない。あなたはまったく急いでいない。空港のスタッフが以下の情報を教えてくれる。

設問の訳 あなたは何をすべきか。

1 タクシーに乗る。

2 B ターミナルに行く。

3 地下鉄に乗る。

4 インフォメーションデスクを探す。

解説 タクシー，ライドシェアサービス，地下鉄，シャトルバスの 4 つの方法が示されており，時間がかかるものも含まれているが，時間には余裕があるので，荷物をすべて運べるかどうかだけがポイントとなる。5 つの荷物をすべて運べるのはシャトルバスのみだが，選択肢にシャトルバスが入っていない。バスの時刻表がインフォメーションデスクにあるので，まず向かうのはそちらである。

語句

□ whisk away「～をさっと連れて行く」 □ navigate「～を航行する［進む］」

| Unit 3 | グループに向けた説明 |))) 056-061 | 解答・解説 ▶ p.144 |

I *No. 9* **Situation:** You are attending an information session for people interested in volunteering. You are a second-year engineering major and are available for three months during your summer vacation. A volunteer coordinator says the following.

Question: Which country's program should you apply to?

1 Brazil.
2 Guatemala.
3 Peru.
4 Costa Rica.

J *No. 10* **Situation:** You are on a flight to Paris, France. You need to catch a connecting flight to Berlin, Germany, on Conrad Airlines at 10:45 a.m. You hear the following announcement.

Question: What should you do?

1 Go to the departure lobby.
2 Look for an airline representative.
3 Collect your luggage.
4 Go to the service counter.

K *No. 11* **Situation:** You are at an NGO conference and would like to get information on the connection between the environment and food shortages. You hear the following announcement.

Question: Where should you go?

1 The Maple Room.
2 The Oak Room.
3 The Walnut Room.
4 The Birch Room.

L | *No. 12* | *Situation:* You want to do an internship. You want to be paid and hope to get hired as a permanent employee at the end. Your professor is telling the class about options.

Question: Which company should you apply to?

1 RealTekk.
2 JLC Technologies.
3 Global Inc.
4 Manchin Ltd.

M | *No. 13* | *Situation:* You plan to visit an amusement park around 7 to 8 times per year with your family, and want to enjoy the rides at a discount. You do not want a membership that automatically renews. You visit a local amusement park and hear the following announcement.

Question: Which membership should you choose?

1 The Gold Membership.
2 The Red Membership.
3 The Blue Membership.
4 The Green Membership.

N | *No. 14* | *Situation:* You are at a train station in London and are expecting to catch the train due to depart for Edinburgh at 10:30 a.m. You do not want to cancel the ticket if any delay occurs. You hear the following announcement.

Question: What should you do next?

1 Talk to the staff.
2 Check the departures board regularly.
3 Go to platform No. 5.
4 Go to platform No. 7.

I スクリプト))) 056

You have 10 seconds to read the situation and Question No. 9.

★： We have various volunteer opportunities for students and individuals with engineering backgrounds. First, we have a project in Brazil. It's available to anyone with a degree in a relevant field, but please note there's a two-month minimum time commitment. One of our projects in Guatemala also needs people. Someone who's at least a junior or senior would be preferable, but they're rather desperate at the moment, so lower years can also apply. They need someone for 8 weeks or longer. There's a project in Peru that's also recruiting now. You'd need to be in your second year or above for it, and they want someone who can be there for about two months. It starts in late August, however, so it would extend into the school term. Finally, we need people who have been employed as an engineer for at least two years. That's a two-month program in Costa Rica.

Now mark your answer on your answer sheet.

全訳

　私たちは，工学の経歴をお持ちの学生と個人の方向けにさまざまなボランティアの機会を用意しています。まずは，ブラジルのプロジェクトです。関連する分野での学位がある方ならどなたでも参加可能ですが，最低2カ月参加していただきますのでご注意ください。グアテマラの私たちのプロジェクトの1つも人材を必要としています。少なくとも3年生または4年生が望ましいのですが，今は切迫しているので，それより下の学年でも応募可能です。8週間以上参加できる人が必要です。ペルーにも現在募集中のプロジェクトがあります。これは2年生以上である必要があり，約2カ月現地にいられる方を望んでいます。しかし，8月後半に始まるので，学校の学期に入ってしまいます。最後ですが，エンジニアとして最低2年勤務している人が必要です。こちらはコスタリカでの2カ月のプログラムです。

No. 9 解答 **2**

状況の訳 あなたはボランティア活動に興味がある人のための説明会に参加している。あなたは工学専攻の2年生で，夏休みの3カ月は参加可能である。ボランティアのコーディネーターが次のように言っている。

設問の訳 あなたはどの国のプログラムに応募すべきか。

1 ブラジル。
2 グアテマラ。
3 ペルー。

4 コスタリカ。

解説 ブラジルのプロジェクトは学位がないと参加できない。グアテマラは3,4年生が希望だが,それより下の学年も可能で,期間も3カ月以内なので条件に合い,これが正解。ペルーは夏休み期間中に終わらず,コスタリカは勤務経験が必要なので,参加できない。

語句

□ commitment「専念,傾倒」 □ recruit「(新しい人を)募集する」

J **スクリプト**))) 057

You have 10 seconds to read the situation and Question No. 10.

★： Attention, passengers. This Green Star Airlines flight will be landing at approximately 11:15 a.m., and we would like to apologize again for the delay. If you need to catch a domestic connecting flight on this or any other airline, please proceed to the departure lobby, where you can find the appropriate check-in counters. Also, luggage on those flights has not been booked through to the final destination, so you'll need to stop at the luggage carousel to collect your bags first. If you're making an international connection on our airline, one of our agents will be awaiting you at our customer service counter and will be glad to assist you. If you have missed an international flight on another airline, representatives will be available to assist you with rebooking. They should be waiting at the gate for you.

Now mark your answer on your answer sheet.

全訳

　ご搭乗の皆さま,グリーン・スター航空の当便は午前11時15分ごろ着陸します。改めまして,遅延のおわびをいたします。当社またはほかの航空会社の国内線の乗り継ぎ便に乗る必要がある方は,出発ロビーにお進みいただくと,そちらに該当するチェックインカウンターがあります。また,それらの便のお荷物は最終目的地までの予約になっておりませんので,手荷物ターンテーブルに立ち寄り,まずお荷物をお受け取りいただく必要があります。当社の国際線にお乗り継ぎでしたら,当社の職員がカスタマーサービスカウンターでお待ちしており,喜んでお手伝いいたします。他社の国際線に乗り遅れた方は,担当者がおりますので,再予約のお手伝いをいたします。担当者はゲートでお待ちしているはずです。

No. 10 解答 **2**

状況の訳 あなたはフランスのパリに向かう飛行機に乗っている。あなたは午前 10 時 45 分にコンラッド航空のドイツのベルリン行きの乗り継ぎ便に乗る必要がある。あなたは次のアナウンスを聞く。

設問の訳 あなたは何をすべきか。
1 出発ロビーに行く。
2 航空会社の担当者を探す。
3 荷物を受け取る。
4 サービスカウンターに行く。

解説 あなたは現在パリに向かう飛行機に乗っており，この後，別の航空会社の国際線でドイツに向かう。10 時 45 分発の便に乗る予定だが，到着が 11 時 15 分になるので，「他社の国際線に乗り遅れた」ケースになる。その場合は，ゲートで待っている担当者を探すことになる。

語句
□ carousel「（荷物を受け取る）ターンテーブル」

. . . .

K スクリプト))) 058

You have 10 seconds to read the situation and Question No. 11.

★: Attention, conference attendees. We'd like to give you some information about this afternoon's lectures. At 1 p.m., Assaf Kadar will be giving an insightful talk on the current worldwide refugee crisis and how it has been impacted by global warming. That will take place in the Maple Room. Also at one, Emily Park will be discussing the connection between dictatorships and starvation. This fascinating talk will be taking place in the Oak Room. At two o'clock, we have a lecture on famines and how they have been exacerbated by the climate crisis. This interesting lecture will be given by Martha Domingo in the Walnut Room. Finally, also at two, there will be a thought-provoking lecture by Tara Jacklin. She'll be talking about how entrepreneurs can make an impact on climate change in the Birch Room. Please enjoy this afternoon's program.

Now mark your answer on your answer sheet.

全訳

　会議にご参加の皆さまへお知らせです。本日午後の講演についてお知らせします。午後1時から，アサフ・カダル氏が現在の世界的難民危機と，それが地球温暖化にどのように影響されているかについて，洞察に満ちた講演を行います。メープルルームで行われます。同じく1時から，エミリー・パク氏が独裁政権と飢餓の関係について論じます。この魅力的な講演はオークルームで行われます。2時から，飢餓と，それが気候危機によってどのように悪化しているのかについての講演があります。この興味深い講演はウォルナットルームでマーサ・ドミンゴ氏が話します。最後に，同じく2時に，タラ・ジャックリン氏による示唆に富んだ講演があります。起業家がどのように気候変動に影響を与えることができるかを，バーチルームで話します。本日午後のプログラムをお楽しみください。

No. 11 解答 **3**

状況の訳	あなたはNGOの会議に出席しており，環境と食糧不足の関係について情報を得たいと思っている。あなたは次のアナウンスを聞く。
設問の訳	あなたはどこに行くべきか。

　1 メープルルーム。
　2 オークルーム。
　3 ウォルナットルーム。
　4 バーチルーム。

| 解説 | あなたの関心が環境と食糧不足なので，2つを含んだ講演を選ぶ。Situation の the environment and food shortages に該当するのは，ウォルナットルームで行われる famines と the climate crisis を扱う講演である。**1** は環境，**2** は食糧問題，**4** は環境しかあなたの関心に合わない。 |

語句
□ attendee「出席者」　□ refugee「難民」　　　□ dictatorship「独裁政権」
□ famine「飢餓」　　　□ exacerbate「～を悪化させる」　□ entrepreneur「起業家」

L　**スクリプト**　　　　　　　　　　　　　　　　　　　　　　))) 059

You have 10 seconds to read the situation and Question No. 12.

★★: We have four different internships available. Please be aware that interns are only compensated at the first two companies I'm going to mention, so the competition tends to be quite stiff for them. OK, RealTekk. Every student has a mentor there, so it's an incredible opportunity to develop relevant skills that'll help you succeed post-graduation. So far, no one has been made permanent after the internship ended, however. If that's your goal, you'd be better off at JLC Technologies. They ask a lot of their interns, but if you can show them that you're motivated and capable, the odds of becoming an employee are high. Next, there's Global Inc., which students also seem very fond of. Pretty much everyone got hired last year. Finally, there's Manchin Ltd. It's a prestigious company, so it looks great on a résumé. The odds of becoming permanent are fairly low, though.

Now mark your answer on your answer sheet.

全訳

　4つの異なるインターンシップから選ぶことができます。インターンの報酬があるのはこれから紹介する初めの2社のみなので,そこは競争がかなり激しくなる傾向がありますから,注意してください。では,リアルテック社から。そこではすべての学生にメンターが付くので,卒業後の成功に役立つ関連技能を身に付ける絶好の機会です。ただし,今のところインターンシップ終了後に正社員になった人はいません。もし正社員が目的なら,JLC テクノロジーズ社の方がいいでしょう。インターンは多くのことを求められますが,やる気があることと能力があることを示せれば,従業員になれる可能性は高いです。次は,グローバル社です。こちらも学生の人気がとても高いようです。昨年はほとんど全員が採用されました。最後はマンチン社です。一流企業なので履歴書の見栄えがよくなります。しかし,正社員になる可能性はかなり低いです。

No. 12 解答　**2**

状況の訳　あなたはインターンシップをしたいと思っている。給料が欲しく,最終的には正社員として採用されたい。教授が授業で選択肢について話している。

設問の訳　あなたはどの企業に応募すべきか。
  1 リアルテック社。
  2 JLC テクノロジーズ社。
  3 グローバル社。
  4 マンチン社。

解説　報酬があるのが初めの2社のみなので,この中から正社員になれる企業を選ぶと**2**になる。ただし,**3**,**4**も何らかの例外がある可能性もあるので,最後までしっかり聞くことが大切。

語句
□ compensate「〜に報酬を出す」　□ stiff「手ごわい」　□ be better off「〜の方がよい」
□ odds「勝算,可能性」

You have 10 seconds to read the situation and Question No. 13.

★： Sky Wonderland Park is pleased to explain our memberships, available on our app. The Gold Membership gives you access to all areas of the park for 12 months, at the best discount. The membership covers two adults and three children, and is the only membership which renews automatically. The Red Membership is for families who visit fewer than 10 times per year. It provides access to all rides at a small discount. The Blue Membership is great for people who enjoy dining at our many fine restaurants, cafés, and snack bars. On each visit, you can get unlimited discounts at any location all day! And finally, this is your last chance to try the Green Membership. It offers big discounts on reservations at the Sky Wonderland Hotel located on park grounds!

Now mark your answer on your answer sheet.

全訳

　スカイワンダーランドパークがアプリで入手できる会員証についてご説明いたします。ゴールド会員になると，12カ月間パーク内のすべてのエリアを最もお得な割引でご利用できます。大人2人と子供3人までがご利用可能で，自動更新される唯一の会員証です。レッド会員は，1年のご利用が10回未満のご家族向けです。すべての乗り物を少額の割引でご利用になれます。ブルー会員は，パークにたくさんある高級レストラン，カフェ，スナックバーでお食事を楽しみたい方にとても適しています。ご来園ごとに，一日中，どこでも無制限の割引があります！　そして最後に，グリーン会員をお試しいただけるのはこれがラストチャンスです。パークの敷地内にあるスカイワンダーランドホテルの予約時に大きな割引を受けられます！

No. 13　解答　**2**

状況の訳　あなたは家族と年にだいたい7〜8回遊園地に行く予定で，割引料金で乗り物を楽しみたい。自動的に更新される会員証は求めていない。あなたは地元の遊園地を訪れ，次のアナウンスを聞く。

設問の訳　あなたはどの会員を選ぶべきか。

1 ゴールド会員。

2 レッド会員。

3 ブルー会員。

4 グリーン会員。

解説　ゴールド会員は家族向けで適用範囲も広いが，自動更新されるので対象外。ブルー

会員は飲食店，グリーン会員はホテルの割引なので対象ではない。レッド会員なら回数もちょうどよく，乗り物の割引も受けられる。

語句

□ renew「（契約などを）更新する」

N **スクリプト**))) 061

You have 10 seconds to read the situation and Question No. 14.

★★： Passengers traveling to Bristol: the 10:15 train will now leave from platform No. 7. The 10:20 rapid express to Birmingham will depart five minutes late. That's platform No. 5. And attention, all passengers waiting to catch the 10:30 express bound for Edinburgh, Scotland, we regret to inform you that the departure of this train is delayed due to some minor maintenance issues. The operational controls for the doors need to be checked to see if they are operating properly before service can resume. Details of the expected departure time and departure platform will be put on the departures board in the main entrance hall of the station. Please check it periodically and wait for further announcements. If you wish to cancel your ticket, please talk to the station staff. There are a number of cafeterias in the station where light refreshments can be purchased in the meantime. Thank you.

Now mark your answer on your answer sheet.

全訳

　ブリストル方面のお客さま，10時15分発の列車が7番ホームから出発するところです。10時20分発の快速バーミンガム行きは5分遅れでの出発となります。こちらは5番ホームです。そして，10時30分発，スコットランドのエディンバラ行きの急行をお待ちの皆さまにお知らせいたします。申し訳ありませんが，小さなメンテナンス上の問題により，この列車の出発が遅れます。運行再開前に，ドアが正常に動いているかを見るためドアの運用制御の確認を行う必要があります。出発予想時刻と出発ホームの詳しい情報は，駅正面入口ホールの発車案内板に表示いたします。定期的にご覧になり，今後のアナウンスをお待ちください。もし乗車券のキャンセルをご希望でしたら，駅スタッフにお話しください。駅構内にはカフェテリアがいくつかあり，お待ちの間，軽い飲食物が購入可能です。よろしくお願いいたします。

No. 14 解答 **2**

あなたはロンドンの電車の駅にいて，午前 10 時 30 分発エディンバラ行きの電車に乗るつもりである。遅れが生じても乗車券のキャンセルはしたくない。あなたは次のアナウンスを聞く。

設問の訳 あなたは次に何をすべきか。

1 スタッフと話す。

2 発車案内板を定期的に見る。

3 5 番ホームへ行く。

4 7 番ホームへ行く。

解説 駅の構内放送。目的の電車が delayed であることを聞き取る。定期的に発車案内板を見るようにと指示があるので正解は **2**。乗車券のキャンセルはしたくないため，スタッフと話すのは当てはまらない。

語句

□ periodically「定期的に」

| **Unit 4** | ボイスメール・ラジオ |))) 062-067 | 解答・解説 ▶ p.154 |

O *No. 15* **Situation:** You want to rent an apartment, and your total budget is $1,500 per month for rent, electricity, and water. You are worried about crime. A real estate agent leaves you the following voice mail.

Question: Which apartment should you choose?

1 The one in Westmount.
2 The one in Stoneybrook.
3 The one in Byron.
4 The one in Glendale.

P *No. 16* **Situation:** You are a manager at a drug company. You need a salesperson with at least three years of pharmaceutical sales experience who will stay at the company long-term. Doug from human resources leaves you a voice mail.

Question: Which candidate seems the most suitable?

1 Amanda Labatt.
2 Maria Alvarez.
3 Ken Fujitani.
4 Rashad Warner.

Q *No. 17* **Situation:** You are negotiating with a company called Falwell Inc. It offered you 5 percent below your original asking price and definitely needs the goods delivered by October 10. You hear the following voice mail from your superior.

Question: What should you do first?

1 Ask the vice-president for permission.
2 Request more time from Bluewater Ltd.
3 Talk to the factory about speeding up production.
4 Offer the client some food vending machines.

R *No. 18* ***Situation:*** Today is Tuesday, and you will give a presentation on Thursday at 1 p.m. It could take up to half a day to put everything together. You get the following voice mail from a coworker.

Question: What should you do about the problem?

1 Correct the data yourself.
2 Ask for help from Eva.
3 Have Ibrahim do the work.
4 Get more information from Gail.

S *No. 19* ***Situation:*** You live in Belmont, which is on the west side of the city. You have just left home and are driving to your office in the city center. You hear the following traffic report on the radio.

Question: What should you do?

1 Stay on the Danforth Highway.
2 Take Regis Boulevard.
3 Use the Wilson Road detour.
4 Drive on Highway 8.

T *No. 20* ***Situation:*** You are shopping for a mattress and a mattress cover. You want to get the best possible price on both, but you are busy on Friday. You hear the following radio commercial.

Question: What should you do?

1 Shop at the Moonlight Madness event.
2 Get to the store early on Saturday.
3 Bring in your old mattress on Sunday.
4 Make your purchase on the store's website.

)) 062

○ スクリプト

You have 10 seconds to read the situation and Question No. 15.

★： This is Carrie from Lambeth Real Estate. First, we have an apartment available in Westmount for $1,500. It's extremely spacious and it faces south. The area is known as one of the safest in the city. Oh, I forgot to mention it, but utilities are not included. Another place is in Stoneybrook. It's a bit older, but it's just $1,300, including utilities. It has a gorgeous view and is convenient to schools and shopping. Burglaries have been increasing nearby, though. There's an apartment in Byron that's $1,200. It's also convenient to various amenities. Of course, I imagine you've heard about all of the assaults in Byron recently. Finally, there's the one in Glendale. It's regularly $1,600, including utilities. I'm sure you could negotiate at least a hundred off that, though. It's in a traditional neighborhood and it seems to be immune to the crime that's spreading elsewhere in the city.

Now mark your answer on your answer sheet.

全訳

　ランベス不動産のキャリーです。まず，ウエストマウントで 1,500 ドルのアパートが空いています。非常に広く，南向きです。この地域は市内で最も安全な所の 1 つとして知られています。あ，言い忘れましたが，光熱費は含まれておりません。別の物件はストーニーブルックにあります。ちょっと古いのですが，光熱費を含めてたった 1,300 ドルです。眺めが素晴らしく，学校と買い物にも便利です。ただ，近くで強盗が増えています。バイロンには 1,200 ドルのアパートがあります。こちらもいろいろな施設に便利です。もちろん，最近のバイロンでの暴力行為のあれこれはご存じだと思います。最後に，グレンデールの物件があります。光熱費込みで通常は 1,600 ドルです。ただ，交渉で少なくとも 100 ドルは下げられると思います。古くからの地域で，市内のほかの場所で広がっている犯罪とは無縁のようです。

No. 15 解答　**4**

状況の訳　あなたはアパートを借りたいと思っていて，総予算は家賃，電気代，水道代で 1 カ月当たり 1,500 ドルである。あなたは犯罪が心配だ。不動産業者が次のボイスメールを残している。

設問の訳　あなたはどのアパートを選ぶべきか。
1 ウエストマウントのアパート。
2 ストーニーブルックのアパート。

3 バイロンのアパート。

4 グレンデールのアパート。

解説 **2** と **3** は治安面で条件に合わず，**1** は予算面で合わない。**4** は予算オーバーに思えるが，100 ドル以上の値下げがほぼ確実である。最後の情報を聞き取れるかどうかがポイント。

語句
□ utilities「（電気・ガス・水道などの）公共設備」 □ burglary「強盗」 □ amenity「施設，設備」
□ assault「暴力（行為）」 □ immune to「～に影響を受けない」

- -

P **スクリプト**))) 063

You have 10 seconds to read the situation and Question No. 16.

★： Hi, Doug here. I did preliminary interviews with four candidates. First, Amanda Labatt seems exceptionally stable and has been in sales for 15 years. She's been at a major appliance firm for her entire career. Next is Maria Alvarez. She's been in the drug industry for six years, so she has decent experience. There're quite a few firms listed on her résumé within the past decade, so that seems like an indication that she's reluctant to commit long-term. Now, let's move on to Ken Fujitani. He was a researcher at a drug company for eight years. Despite his lack of sales experience, he seems like he'd be highly committed if hired. Finally, I talked to Rashad Warner. He's been in the pharmaceutical industry for almost a decade and was a sales representative at his previous firm for eight years, so he seems like someone we could count on for an extended career here.

Now mark your answer on your answer sheet.

全訳

　こんにちは，ダグです。4 人の候補者と予備面接を行いました。まず，アマンダ・ラバットは非常に安定しているようで，営業の仕事を 15 年間しています。彼女はずっと大手の電化製品の企業で働いています。次はマリア・アルバレスです。彼女は製薬業界に 6 年いるので，それなりの経験があります。彼女の履歴書には過去 10 年以内に多数の企業名が記載されているので，長く務めることに消極的であることを示しているように思えます。さて，ケン・フジタニに移りましょう。彼は製薬会社で 8 年間研究者でした。営業の経験はありませんが，採用されれば，かなりがんばってくれるだろうと思います。最後に，ラシャド・ワーナーと話しました。彼は製薬業界に 10 年近くおり，前の企業では 8 年間営業職だったので，ここでも長く働いてくれると期待してよさそうな人に思えます。

No. 16 解答 **4**

状況の訳 あなたは製薬会社の管理職である。あなたは，医薬品の営業経験が少なくとも3年あり，長期間勤務してくれる営業人材を必要としている。人事部のダグがボイスメールを残している。

設問の訳 どの候補が最適に思えるか。

1 アマンダ・ラバット。
2 マリア・アルバレス。
3 ケン・フジタニ。
4 ラシャド・ワーナー。

解説 **1**は営業経験は長いが製薬関係ではない。**2**は長期の勤務が期待できない。**3**は営業経験そのものがない。**4**は長く営業の仕事をしている上に，ダグのコメントから，長期にわたって働いてくれる可能性が高いと判断できる。

語句

□ preliminary「予備的な」 □ candidate「候補者」 □ appliance「電化製品」

You have 10 seconds to read the situation and Question No. 17.

★★ : Hi, hope you're having a good trip and that the negotiations with Falwell for our soft drink vending machines are going smoothly. Before you left, we decided you could decrease the price by up to 10 percent, but please remember that if you need to go lower, you'll require authorization from the vice-president. Also, we'll be working on an order for Bluewater Ltd. up until September 30, and we'll need about three weeks after that for the factory to produce the Falwell goods, so I hope they're flexible on that. If not, you'll have to get in touch with the factory about accelerating production at the earliest opportunity. Also, once the deal has been concluded, we'd like you to see if the client would be interested in purchasing some food vending machines as well. Anyway, good luck.

Now mark your answer on your answer sheet.

全訳

　もしもし。あなたが出張を楽しんでいて，フォールウェル社とのソフトドリンクの自動販売機についての交渉が順調に進んでいることを願っています。あなたが出発する前に，価格を最大 10％ 下げることが可能であると決めましたが，もしそれ以上下げる必要があるなら，副社長の許可が必要だということを忘れないでください。それから，9 月 30 日まではブルーウォーター社からの注文に取りかかりますから，その後工場がフォールウェル社向けの製品を生産するのに約 3 週間必要になるので，その点で先方が柔軟に対応してくれるよう望んでいます。そうでない場合は，できるだけ早い機会に，生産を早めるよう工場に連絡してもらう必要があります。また，取引が成立したら，先方が食品の自動販売機の購入にも興味があるかどうかを確認してください。とにかく，がんばって。

No. 17 解答 **3**

状況の訳 あなたはフォールウェル社という企業と交渉をしている。この会社はあなたが初めに提示した価格より 5％ 低い価格を提示しており，商品が絶対に 10 月 10 日までに納品されることが必要である。あなたは上司からの次のボイスメールを聞く。

設問の訳 あなたはまず何をすべきか。

1 副社長に許可を求める。

2 ブルーウォーター社に待ってくれるよう頼む。

3 生産のスピードを上げることについて工場と話をする。

4 顧客に食品の自動販売機を提供する。

> **解説** 値下げは事前に決めた 10% 以内になりそうなので，副社長の許可は必要ない。問題は納期で，ブルーウォーター社の仕事が終わった 9 月 30 日以降の開始では 10 月 10 日に間に合わないので，工場に相談する必要がある。

> **語句**
> □ accelerate「～を加速する」

R **スクリプト**   ))) 065

You have 10 seconds to read the situation and Question No. 18.

★： Ibrahim here. I'm afraid I have some unfortunate news about your upcoming presentation for Chartwell Inc. Gail in the accounting department just informed me that the sales figures for 2019 are inaccurate, so all the charts in the presentation are going to need to be completely revised. She's handed the corrected data over to me, and I can enter it all in, but things are kind of hectic for me at the moment. How about if I were to get the charts to you around noon the day after tomorrow? If that won't work, I know you've got your hands full right now, so in the worst case, my assistant, Eva, could definitely lend you a hand. She's been justifiably complaining about how much overtime she's been putting in lately, but it could work as a last resort.
Now mark your answer on your answer sheet.

> **全訳**

イブラヒムだ。近づいているチャートウェル社向けのプレゼンに関する残念な知らせがある。たった今経理部のゲイルから，2019 年の売上高が不正確だとの連絡があった。だから，プレゼンのグラフはすべて完全に作成し直さなければならないことになる。彼女が修正したデータを僕に送ってくれたので，すべて入力できるのだが，今かなり忙しいんだ。グラフをあさってのお昼ごろ君に渡すというのではどうかな。それが駄目なら，君が今手一杯だということはわかっているから，最悪の場合，僕のアシスタントのエバがきっと手伝えるはずだ。彼女は最近残業が多くて，当然のことながら不満を口にしているが，最後の手段として考えられるかもしれない。

No. 18 解答 **2**

> **状況の訳** 今日は火曜日で，あなたは木曜日の午後 1 時からプレゼンをすることになっている。すべてをまとめるのに最大で半日かかるかもしれない。あなたは同僚から次のボイスメールを受け取る。

設問の訳 この問題に対してあなたは何をすべきか。

1 自分でデータを修正する。

2 エバの助けを頼む。

3 イブラヒムにその仕事をしてもらう。

4 ゲイルからもっと情報をもらう。

解説 あなたは忙しいのでデータ修正は難しく，イブラヒムに任せても新しいグラフをもらえるのはプレゼンの直前なので間に合わない。エバは残業が多過ぎると不満を述べているが，could definitely lend you a hand とイブラヒムは言っているので，手伝ってもらえる可能性が高い。

語句

□ hectic「非常に忙しい」 □ justifiably「正当に」

S スクリプト 〉〉066

You have 10 seconds to read the situation and Question No. 19.

★： This is WJMO news. Unfortunately, traffic is moving extremely slowly on the Danforth Highway just east of Belmont right now. That's due to a major collision about 30 minutes ago. It's mainly causing trouble in the eastbound lanes. The westbound lanes are slightly slower than normal, but if you're headed the other way, we have some different options for you. One is to use Regis Boulevard. That will get you to destinations like the airport in the north part of town. Alternatively, if you're headed into the city center, your best play is to take a detour onto Wilson Road. Some people might be tempted to use Highway 8, but the road-widening project in that area still has the traffic backed up, so it's not advisable as an alternate route. Other than that, traffic is moving relatively smoothly throughout the city.

Now mark your answer on your answer sheet.

全訳

　WJMO ニュースです。残念ながら，現在ベルモントのすぐ東側のダンフォース・ハイウェイで車の流れが極端に遅くなっています。これは 30 分ほど前に起きた大きな衝突事故の影響です。主に東行きの車線に支障が出ています。西行きは普段より少し遅くなっていますが，反対方向に向かう場合は，いくつか異なる選択肢があります。1 つは，リージス大通りを使うことです。これなら，空港など市の北部にある目的地に到着できます。あるいは，市の中心部へ向かうなら，迂回してウィルソン・ロードに出るのが最善です。8 号線を使いたい気持ちになる方もいるかもしれませんが，その地域では道路拡張工事がまだ車の流れを止めているので，代替ルートとしてはお勧めできません。それ以外は，市内全域で比較的スムーズに流れています。

No. 19　解答　**3**

状況の訳　あなたは市の西側にあるベルモントに住んでいる。あなたは家を出たばかりで，市の中心にある会社に車で向かっている。あなたはラジオで次の交通情報を聞く。

設問の訳　あなたは何をすべきか。

1 ダンフォース・ハイウェイにとどまる。
2 リージス大通りを使う。
3 ウィルソン・ロードの迂回ルートを使う。
4 8 号線を走る。

解説　あなたは市の西部に住んでいて，今中心部に向かっている。つまり，東に向かっ

ている。東行きは渋滞なので **1** は不可。**2** は北へ向かってしまうので不可。**4** は道路工事で遅れている。**3** は市の中心へ向かう場合は最善，とはっきり述べている。

語句

☐ collision「衝突事故」 ☐ alternatively「代案として」 ☐ detour「回り道」
☐ back up traffic「車の流れを止める，渋滞させる」

T スクリプト))) 067

You have 10 seconds to read the situation and Question No. 20.

★★: Don't miss the huge sale at Walton's Home and Furniture Store during the upcoming three-day weekend. The deals kick off with our Moonlight Madness event on Friday. Everything in the store will be 20 percent off between 8 p.m. and midnight. On Saturday, we're offering unbeatable deals on anything in our appliance section. Arrive before noon, and you'll save an incredible 20 percent. Plus, you'll get free installation. Sunday is bedroom day, and all sleep-related items are 10 percent off. In addition, if you've got a used bed or mattress, you can trade it in on Sunday only for an additional 5 percent off. The sale ends on Monday with our online event. The prices of appliances and bed-related products will be marked down by 15 percent. In addition, anyone purchasing appliances gets free installation, and if you buy a bed or mattress, we'll throw in a complimentary cover.

Now mark your answer on your answer sheet.

全訳

ウォルトン家具店の，来たる週末３連休の大セールをお見逃しなく。お得なセールのキックオフとなるイベントは，金曜日のムーンライト・マッドネスです。午後８時から深夜０時まで，店内全商品が 20％オフです。土曜日には，家電売り場のすべての商品でどこよりもお得なお値段を提供します。正午までにご来店いただければ，20％という信じられない割引があります。さらに，設置費が無料になります。日曜日は寝室の日で，睡眠に関するすべての商品が 10％引きです。それに加えて，もしお使いのベッドやマットレスがおありでしたら，下取りに出していただくと，日曜日のみ，さらに 5％引きになります。セールは月曜日に，オンラインイベントをもって終了します。家電と寝具関連の製品の価格は 15％の割引です。さらに，家電をご購入の方はどなたでも，設置費が無料になります。そしてベッドまたはマットレスをお買い上げいただくと，無料でカバーを差し上げます。

No. 20 解答 **4**

状況の訳 あなたはマットレスとマットレスカバーを買おうとしている。あなたはいずれも可能な限り安い値段で買いたいが，金曜日は多忙である。以下のラジオ広告を聞く。

設問の訳 あなたはどうすべきか。

1 ムーンライト・マッドネスのイベントで買う。

2 土曜日の早い時間に店に行く。

3 自分の古いマットレスを日曜日に持ち込む。

4 店のウェブサイトで購入する。

解説 家具店のラジオ広告。金曜日は忙しいため 20 % 引きのムーンライト・マッドネスには参加できない。土曜日の 20 % 引きセールは寝具ではないので関係ない。日曜日はマットレスを下取りに出せば 15 % 引き，月曜日のオンラインイベントも同じ 15 % 引きだが，マットレスを買うとカバーが無料なので，その分お得である。オンラインで買うことを「ウェブサイトで購入する」と表した **4** が正解。

語句

□ kick off「始まる」　　　　□ unbeatable「打ち負かすことのできない」

□ trade in「〜を下取りに出す」　□ mark down「〜を値下げする」

□ complimentary「無料の」

Chapter 5
Part 4 練習問題

Unit 1

Unit 1

))) 068-071　解答・解説 ▶ p.166

A *No. 1*　**1** There is more variety than he expected.
　　　　　2 He has to do more research than he thought.
　　　　　3 Dealing with the press can be difficult.
　　　　　4 Data analysis is extremely important.

　　No. 2　**1** His pay is relatively low.
　　　　　2 The fundraising targets are unrealistic.
　　　　　3 Many of his coworkers seem burned out.
　　　　　4 There are a lot of rules to follow.

B *No. 3*　**1** Covering the nightlife accurately.
　　　　　2 Ensuring that all the details are correct.
　　　　　3 Negotiating with publishers about money.
　　　　　4 Finding the best hotels to stay at.

　　No. 4　**1** She tries to read other guidebooks.
　　　　　2 She tries to eat at every restaurant.
　　　　　3 She tries to avoid using the Internet.
　　　　　4 She tries not to tell people what her job is.

No. 5   **1** They have become less busy than before.
         2 They need to be more adaptable now.
         3 They spend more time using computers.
         4 They need to protect people's personal information.

   No. 6   **1** It makes it hard to keep older titles.
         2 It is still less popular than paper books.
         3 It can save libraries a lot of money.
         4 It is hard for some people to use.

No. 7   **1** She had the opportunity to travel all over the world.
         2 She admired the nurses who looked after her mother.
         3 She met a great doctor when she visited Japan.
         4 She believed that she would never be out of work.

   No. 8   **1** They give up and decide to change to some other job.
         2 They try to enhance their skills even more.
         3 They look for a doctor who will be sympathetic.
         4 They find something unexpected within themselves.

A スクリプト))) 068

This is an interview with Luc Dubois, a worker in a non-profit organization.

⭐ **Interviewer (I):** Welcome to the program. Today, I'm interviewing Luc Dubois. It's great to have you with us, Luc.

⭐ **Luc Dubois (L):** Well, it's great to be here.

I: So, I understand that you had a career in business before starting to work at a charity.

L: Yes, after I graduated college, I got hired at a trading company and worked there for about five years. I actually enjoyed it for the most part, but then one year the company decided to partner with a non-profit, and we employees were encouraged to volunteer our time. We were working with an organization that supports refugees, and we helped the NPO with fundraising as well as organizing events for refugees who had settled in our city. I found it to be extremely rewarding, and I actually applied for a job at the NPO. It's called the Hampton Refugee Partnership, or HRP, and I've been working there for the past three years.

I: So, have you noticed a lot of differences between working at an ordinary company and working at an NPO?

L: Yes, of course. I'd say the main difference is that I need to be a bit more versatile, as I'm often called on to work outside my specific job description. Officially, I'm a research analyst, and my job is to analyze and review data, but, for example, last week I suddenly got asked to help draft a press release. I was quite astonished by the day-to-day variation at first, but I really enjoy the challenge and stimulation. And of course, there's a great deal of job satisfaction. Despite being a data analyst, I have a lot of chances to interact with our clients on a regular basis, which is extremely rewarding.

I: So, are there any downsides to the job?

L: Well, yes, but it's probably not the one most people expect. My family was quite concerned that I was going to have to take a pay cut, but actually, the compensation is about the same as at my previous job. There does tend to be a lot of bureaucracy, though. We're partially supported by the government, so there are a lot of regulations that we have to deal with, and there are endless reports to be filled out. And I find that we're slower to adapt to situations than a normal company as well.

I: And do you have any advice for people who may be considering working for an NPO?

L: Well, I'd say that it does take a certain kind of person. As I mentioned, it can be very rewarding, but there are definitely challenges that you need to be able to overcome. There aren't always clear benchmarks when you work at a charity, and when there are, they can be hard to achieve. Last year, we failed to achieve our fundraising target, and that meant that we had to cut back on some of our services. So you need to be able to maintain your focus even when things are difficult. And I've heard stories from my coworkers about people who got burned out and had to leave. But if you're flexible and keep in mind that you're really making a difference in people's lives, it's absolutely an occupation that I'd recommend. There's nothing like the feeling of satisfaction you get when you see a family that was poor and struggling with a new culture start to thrive as a result of the help that your organization has given them.

I: Thanks for sharing these insights with us today, Luc.

L: Thanks for having me.

Questions

No. 1　What was surprising to Luc about his job at the NPO?

No. 2　What does Luc say is a negative aspect of working at an NPO?

全訳

これは非営利団体で働くリュック・デュボアさんとのインタビューです。

インタビュアー（I）：番組へようこそ。本日はリュック・デュボアさんにお話を伺います。リュックさん，お越しくださり光栄です。

リュック・デュボア（L）：はい，お呼びくださりありがとうございます。

I：さて，慈善団体で働き始める前はビジネスの世界でキャリアを積んでいらしたのですね。

L：はい，大学卒業後，商社に雇われてそこで約5年働きました。仕事はおおむね本当に楽しかったですが，ある年，その会社が非営利団体と提携することを決め，私たち社員は自分の時間でボランティアをするよう促されました。私たちは難民を支援する団体と連携し，そのNPOの資金集めや，私たちの街に定住した難民のためのイベントの企画を手伝いました。私はとてもやりがいがあると感じ，実際にそのNPOの仕事に応募しました。ハンプトン難民パートナーシップ（HRP）という名前で，私は過去3年間そこで働いています。

I：では，普通の会社で働くのとNPOで働くのとではずいぶん違いを感じますか。

L：ええ，もちろん。思うに，一番大きな違いは，自分の特定の仕事内容以外のことをするよう頼まれることが多いので，もう少し何でもできる必要があるという点です。公式には，私は調査アナリストで，私の仕事はデータを分析して精査することなのですが，例えば先週，突然プレスリリースの原稿作成を手伝うよう依頼されました。初めは毎日違うことが起こる

のでかなり驚きましたが，その難しさと刺激をとても楽しんでいます。そして，もちろん，仕事の満足度は相当なものです。データアナリストなのに，クライアントと定期的にやりとりする機会が多いので，ものすごくやりがいがあります。

I：では，この仕事にマイナス面はありますか。

L：そうですね，ありますが，おそらく多くの人が予想するものではありません。給料が減るのを受け入れざるを得なくなると家族はかなり心配していたのですが，実際には，報酬は私の前職とほぼ同じです。ただ，お役所仕事的なところはたくさんあります。私たちは一部政府の支援を受けているので，対応しなければならない規制が多いですし，記入しなければならない報告書も無限にあります。それに，普通の会社よりも状況への対応が遅いとも感じます。

I：NPO で働くことを検討しているかもしれない方に何かアドバイスはありますか。

L：そうですね，思うに，特定のタイプの人しか務まらない仕事です。先ほども申し上げたように，とてもやりがいがあることもありますが，克服できなければならない困難は当然あります。慈善団体で働く場合，必ずしも明確な基準があるわけではありませんし，あったとしても，達成は困難なことがあります。昨年私たちは資金集めが目標額に達しませんでした。そのため，一部のサービスを削減せざるを得ませんでした。ですから，困難な状況下でも，重点課題を維持できる必要があります。それから，燃え尽きて辞めなければならなかった人の話を同僚から聞いています。でも，柔軟性があって，人々の生活に本当に違いをもたらしているということを忘れない人には，絶対に勧めたい職業です。以前は貧しく，新しい文化に四苦八苦していた家族が，自分の組織が提供した援助の結果豊かになり始める姿を目にしたときに得られる満足感は，ほかでは味わえません。

I：本日は深いお話をお聞かせいただきありがとうございました，リュックさん。

L：お招きいただきありがとうございました。

No. 1 解答 **1**

設問の訳 リュックが NPO の仕事で驚いたことは何か。
1 予想以上に変化に富んでいる。
2 思った以上に調査をしなければならない。
3 プレスとのやりとりが難しいことがある。
4 データ分析が非常に重要だ。

解説 中盤で普通の会社と NPO の違いを聞かれており，この中で I was quite astonished by the day-to-day variation と述べている。**1** がその内容なので正解。variation を聞き逃したとしても，自分の本来の仕事以外の仕事があること，その具体例として，調査アナリストなのにプレスリリースの原稿を頼まれることなどがヒントになる。

No. 2　解答　**4**

1 給料が比較的低い。

2 資金集めの目標額が非現実的だ。

3 同僚の多くが燃え尽きているようだ。

4 守らなければならないルールが多い。

解説 インタビュアーが downsides とはっきり聞いているので，その直後に答えがある。当初は給与面が心配だったが，実際には前職と変わらないと言っているので **1** は誤り。給与を compensation という語で表している点に注意。資金集めが目標額に達しなかったことがあるが，その数値が unrealistic だとは言っていないので **2** ではない。政府との関係について言っている there are a lot of regulations that we have to deal with を rules，follow を使って言い換えた **4** が正解。

語句
□ charity「慈善団体」　　　　□ refugee「難民」　　　□ fundraising「資金集め」

□ rewarding「やりがいのある」　□ versatile「多才な」

□ call on ~ to *do*「~に…するよう頼む」

□ job description「（雇用契約で定められた）仕事内容」　□ on a regular basis「定期的に」

□ downside「マイナス面」　　□ compensation「報酬」　□ bureaucracy「お役所仕事」

□ benchmark「基準」

This is an interview with Gail Anderson, a guidebook writer.

★ **Interviewer (I):** Welcome to the program. Today, I'm interviewing Gail Anderson. Thanks for joining us, Gail.

★ **Gail Anderson (G):** Thanks for having me.

I: So, how did you become a guidebook writer?

G: Well, it was purely accidental. I originally came to Japan as an English teacher, and I had quite a bit of time on my hands, so I started writing a blog as a hobby. It attracted the attention of an English-language magazine, and they asked me to write some features about various locations that would appeal to tourists. Then, the editor was contacted by a Japanese publisher that was interested in producing a guidebook for foreigners, and he recommended me to them.

I: A lot of people have an image of being a guidebook writer as quite a glamorous occupation. Is that accurate?

G: Well, it is wonderful to have your travel expenses covered, but we really do earn our money. When I'm on the road, I work about a hundred hours every week. You have to be up at the crack of dawn to check out breakfast places, and then you're also expected to cover the nightlife, so it can be exhausting. And for me, the most challenging aspect of the job is the extreme emphasis on accuracy. In particular, I found updating maps to be a nightmare because I have a poor sense of direction and I'm not really a visual person. If you slip up on one address or mark something in an incorrect location, it can have huge consequences for both the readers and the publisher, so you need to triple- and quadruple-check everything.

I: Is there anything that our listeners might find surprising about being a guidebook writer?

G: Well, one thing that never occurred to me at first is that you need to do everything as anonymously as possible. You can't stay in every hotel, particularly in these days of shrinking publishing budgets. So, you need to go around in the afternoon and get people to show you rooms, but unfortunately, business owners tend to exaggerate or show you things that don't really represent their business accurately if they know you're working for a guidebook, so it's best to pretend to be a potential customer. Also, since I can't eat at every restaurant, I talk to patrons at various places without telling them my occupation so I can get honest opinions about the food.

I: Interesting. So, has technology influenced your job a lot?

G: Absolutely. It's been sort of a double-edged sword, though. On the one hand, it makes preparing for a trip and booking flights much easier, and it's a godsend for fact-checking. On the other hand, though, it's had an adverse effect on the guidebook market overall. People are increasingly relying on travel websites, so it's had a negative impact on guidebook sales and also on the budgets that the companies have to allocate to writers like me. When I was recently updating a guidebook on Japan, I was unable to visit some of the out-of-the-way locations that were covered in the last edition due to lack of budget, so the editor and I had to make some difficult decisions. We ended up omitting a couple of places, and I ended up telephoning a couple of places to confirm that the information from the previous edition was still accurate. However, I think that guidebooks still have a lot to offer readers, even in the digital age, because all the work that we do to ensure accuracy makes us more reliable than websites and travel forums.

I: Well, thanks so much for sharing your experiences with us today, Gail.

G: It was my pleasure.

Questions

No. 3 What does Gail say has been the most difficult thing about being a guidebook writer?

No. 4 What is one thing Gail does when gathering information?

全訳

これはガイドブックライターのゲイル・アンダーソンさんとのインタビューです。

インタビュアー（I）：番組へようこそ。本日はゲイル・アンダーソンさんにお話を伺います。お越しくださりありがとうございます，ゲイルさん。

ゲイル・アンダーソン（G）：お招きいただきありがとうございます。

I：さて，どのようにしてガイドブックライターになったのですか。

G：えー，まったくの偶然でした。元々私は英語教師として日本に来たのですが，かなり時間にゆとりがあったので，趣味としてブログを書き始めました。それが英語雑誌の目に留まり，観光客にアピールしそうな各地の特徴を書いてほしいと頼まれました。その後，そこの編集者に，外国人向けのガイドブックの出版に関心を持っていた日本の出版社から連絡があり，彼が私を推薦しました。

I：ガイドブックのライターは非常に華やかな職業だというイメージを持っている人が多いですが，それは正確ですか。

G：うーん，旅費を支払ってもらえるのは素晴らしいことですが，もらうお金に見合うだけのことは実際にしています。旅行中は週に100時間くらい働きます。朝食を食べる店をチェックするため夜明けとともに起床しなければなりませんし，その上ナイトライフを取材することも求められるので，かなり疲れることもあります。私の場合，この仕事で一番大変な点は，極端なまでの正確さの重視です。特に，私は方向音痴で，あまり視覚的な人間ではないので，地図のアップデートは悪夢だと思いました。もし住所を1カ所間違えたり，不正確な場所に何かをマークしたりすると，読者と出版社の両者に多大な影響を与える可能性があるので，すべてに対して3重，4重のチェックをする必要があります。

I：ガイドブックライターの仕事について，リスナーが驚きそうなことはありますか。

G：そうですね，最初思いもよらなかったのは，すべてをできるだけ匿名で行う必要があることです。特に出版の予算が縮小している昨今では，すべてのホテルに泊まることはできません。そこで，昼間のうちに歩き回って，ホテルに部屋を見せてもらう必要があります。しかし，残念ながら，相手がガイドブックの関係者だとわかると，経営者は誇張したり，そのホテルを正しく表しているとは言えないものを見せたりする傾向があるので，宿泊客の可能性がある人を装うのがベストです。また，すべてのレストランで食事をすることはできないので，いろいろな店で常連客に自分の職業を告げずに話を聞き，食事に関する率直な意見を聞けるようにしています。

I：面白いですね。では，テクノロジーはあなたの仕事に大きな影響を与えましたか。

G：もちろんです。ただし，諸刃の剣と言ったところです。一方では，旅行の準備と航空券の予約はずっと簡単になり，事実確認にはとてもありがたいものです。しかし他方では，ガイドブック市場全体にマイナスの影響が出ています。旅行サイトに頼る人がどんどん増えているので，ガイドブックの売り上げに悪影響を及ぼしており，出版社が私のようなライターに割り当てる予算にも悪影響が及んでいます。最近私が日本のガイドブックの更新をしていたとき，予算不足で，前の版で取材した人里離れた場所のいくつかに行くことができず，編集者と私は苦渋の決断をしなければなりませんでした。結局何カ所かを削除し，何カ所かには電話して，前の版の情報が今でも正しいかどうか確認することになりました。しかし，デジタルの時代でも，ガイドブックが読者に提供できることはまだたくさんあると思います。私たちは間違いなく正確にするためにいろいろなことをやっているので，ウェブサイトや旅行フォーラムより信頼できるからです。

I：さて，今日はいろいろなご経験をお聞かせくださり，ありがとうございました，ゲイルさん。

G：こちらこそありがとうございました。

No. 3 解答 **2**

設問の訳 ガイドブックのライターであることで一番大変なことは何だったとゲイルは言っているか。

1 ナイトライフを正確に取材すること。

2 細かな点をすべて間違いなく正確にすること。

3 出版社とお金について交渉すること。

4 滞在するのに最適なホテルを見つけること。

解説　ガイドブックライターは本当に華やかな仕事かどうかをインタビュアーが尋ねたときに，ゲイルが most challenging なこととして紹介しているのが，情報の正確さを確保することである。ナイトライフの取材や取材費用の捻出も大変なことではあるが，一番大変だとは述べていない。

No. 4　解答　**4**

設問の訳　ゲイルが情報を集めるときにすることの 1 つは何か。

1 ほかのガイドブックを読むようにする。

2 すべてのレストランで食べるようにする。

3 インターネットを使わないようにする。

4 自分の仕事が何かを言わないようにする。

解説　インタビュアーが尋ねた「リスナーが驚きそうなこと」の中に，情報収集に関する話題が出てくる。具体的には，ホテルの部屋を見せてもらう場面やレストランの食事の評判を聞くときに，自分がガイドブックライターであると教えないこと。**4** ではそれを「自分の仕事が何かを言わない」と言い換えている。

語句
- □ glamorous「華やかな」　□ on the road「旅行中で」　□ crack of dawn「夜明け」
- □ nightmare「悪夢」　□ slip up「うっかり間違える」　□ quadruple「4 倍の」
- □ anonymously「匿名で」　□ exaggerate「誇張する」　□ patron「常連客」
- □ godsend「天の恵み」　□ adverse「反対の，不都合な」　□ allocate「〜を割り当てる」
- □ out-of-the-way「人里離れた」

C スクリプト 》）070

This is an interview with Kareem Sadek, a librarian.

⭐ **Interviewer (I):** Welcome to the program. My guest today is Kareem Sadek. Thanks for talking to us today.

⭐⭐ **Kareem Sadek (K):** It's great to be here.

I: So, can you tell us a bit about what it's like to be a librarian in the twenty-first century?

K: Well, if you haven't visited a library in the past few years, you might have an image of libraries as book-filled, silent spaces with a staff of shy librarians who spend most of their time helping people check out books. However, the role of libraries and librarians has really evolved in recent years. Of course, there are still lots of books in libraries, but over half of our collection is digital these days, people are finding books for themselves using our computer system, and then they're checking them out for themselves. However, that doesn't mean we librarians have a lot of time on our hands.

I: Why is that?

K: Well, libraries and librarians have adapted to ensure that we remain relevant in the digital age by providing a wide range of services, anything from offering technology training to seniors, to running literacy programs for children and immigrants to supporting the homeless. That means it's essential that we're able to deal with a tremendous range of individuals and situations, as well as possessing strong interpersonal skills. Libraries are becoming community hubs, and it's crucial that we're approachable and able to respond to the needs of the diverse group of patrons that visit our facilities.

I: Interesting. Can you talk more about this community hub concept?

K: Of course. Basically, we want to be a gathering spot with a wide variety of useful services. And you'll find that we librarians almost never say "shh" anymore. We're a place for people to come and work or study, get employment training, develop financial literacy, or just socialize. The furniture is getting more comfortable, we have Wi-Fi, and people can use computers or print out documents. And that's just a tiny fraction of what we offer these days.

I: OK. And what challenges are libraries facing now?

K: Well, right now there's a huge issue with digital books. When we buy paper books, there's a legal principle called the first-sale doctrine that allows us to lend out the book as many times as we want. However, it doesn't apply to digital content. So, as a result, we buy what's called a metered license, and that means we don't actually own the data permanently. We're purchasing a limited right to access it, and that price is often higher than what we pay for a paper book, plus there are restrictions on how many times we can lend it out. So, for example, we might buy a bestselling novel, and we might get it for two years or 52 lends, whichever comes first. This causes two problems. One is that we have to spend a large percentage of our budget on just a few bestselling titles that get loaned out over and over, whereas with paper books, we can buy a wider variety. And secondly, we often can't afford to keep renewing the licenses for older titles because of budgetary constraints.

I: It sounds like a very serious problem.

K: It certainly is. We're always trying to negotiate with publishing firms, and with the support of our local communities, we're hoping to convince them to change their policies.

I: Well, thank you for all of these fascinating insights into the modern library.

K: Thanks so much for having me on the program.

Questions

No. 5　What does Kareem say about librarians today?

No. 6　What does Kareem say about digital content?

全訳

これは司書のカリーム・サデックさんとのインタビューです。

インタビュアー（I）：番組へようこそ。本日のゲストはカリーム・サデックさんです。本日はお話をしてくださることになりありがとうございます。

カリーム・サデック（K）：呼んでくださりありがとうございます。

I：さて，21世紀に司書をするというのはどういうことなのか，少しお話しいただけますか。

K：そうですね，もしここ数年図書館に来たことがない人でしたら，図書館は，本で埋め尽くされた静かな空間で，人々が本を借りるのを手伝うことにほとんどの時間を費やす内気な司書がいる場所，というイメージを持っているかもしれません。しかし，図書館と司書の役割は近年大きく進化しています。もちろん，今でも図書館にはたくさんの本がありますが，最近では，蔵書の半数以上はデジタル化され，人々はコンピューターシステムを使って自分で本を見つけ，そして自分で借りる手続きをします。しかし，だからと言って，司書が暇なわけではありません。

I：それはなぜですか。

K：そうですね，図書館と司書は，高齢者向けのテクノロジートレーニングから，子供と移民向けの読み書きプログラムの実施，ホームレスの支援まで何でも，幅広いサービスを提供

することで，デジタルの時代でも不要とならないよう適応してきました。つまり，強力な対人スキルを持つとともに，極めて幅広い個人と状況に対応できる能力が不可欠なのです。図書館は地域の中心になりつつあるので，私たちは足を運びやすく，施設を訪れる多様な利用者集団のニーズに応えられることが非常に重要です。

I：興味深いですね。地域の中心であるという考え方についてもう少しお話しいただけますか。

K：もちろんです。基本的に私たちは，さまざまな便利なサービスを備えた，人々が集まる場所でありたいと思っています。お気付きになると思いますが，私たち司書が「しーっ」と言うことはもうほとんどありません。私たちは人々がやって来て仕事をしたり勉強をしたり，雇用訓練を受けたり，金融リテラシーを身に付けたり，ただ単に交流したりするための場所です。家具はより快適なものになりつつあり，Wi-Fiもあり，人々はコンピューターを使ったり，書類をプリントアウトしたりできます。これは現在私たちが提供しているもののほんの一部にすぎません。

I：なるほど。では，図書館が今直面している課題は何ですか。

K：そうですね，現在は電子書籍の問題が大きいです。私たちが紙の本を購入するとき，ファーストセール・ドクトリンと呼ばれる法律原則があって，その本を何度でも好きなだけ貸し出すことが可能です。しかし，それはデジタルコンテンツには適応されません。そのため，結果的に，従量制ライセンスと呼ばれるものを購入します。その場合，そのデータを実際に永久的に所有できるわけではありません。私たちはそれを利用するための限られた権利を購入しています。その価格はしばしば紙の書籍より高く，さらに，貸し出しできる回数にも制限があります。そのため，例えば，ベストセラー小説を購入したとすると，それを2年間あるいは52回の貸し出しのいずれか早い方の権利を購入するということになるでしょう。ここから2つの問題が生じます。1つは，私たちの予算の大部分を，何度も貸し出される数冊のベストセラーのためだけに使わなければならないということです。それに対して紙の書籍なら，もっと幅広い種類の書籍を購入できます。そして2つ目は，予算の制約により，古い作品のライセンスを更新し続けることができないことがしばしばあります。

I：とても深刻な問題のようですね。

K：本当にそうです。私たちはずっと出版社と交渉しようとしていて，地域社会の支援を受けて，出版社に方針を変えてもらうよう説得できればと思っています。

I：さて，現代の図書館について，いろいろ魅力的で興味深いお話をありがとうございました。

K：番組にお招きくださりありがとうございました。

No. 5　解答　**2**

設問の訳　今日の司書についてカリームは何と言っているか。

1 以前ほど忙しくなくなった。

2 今ではさらなる適応力が必要だ。

3 コンピューターを使う時間が増えた。

4 人々の個人情報を守る必要がある。

解説 カリームは，現在の司書は本の貸し出しだけでなくさまざまな仕事をしていることを具体例とともに述べているが，それを３つ目の発言の最初の adapted という語が象徴している。**2** の adaptable はその派生形。**3** の可能性はあるが，発言では述べていない。

No. 6　解答　1

設問の訳 カリームはデジタルコンテンツについて何と言っているか。

1 古い本を維持することを難しくしている。

2 今でも紙の本より人気がない。

3 図書館の経費を大幅に節約できる。

4 一部の人には使いづらい。

解説 司書が直面している問題の例として話している licenses という語がキーワード。デジタルコンテンツの場合，紙の書籍のように無制限に貸し出せないので，更新が必要になる。すると予算に限りがあり，ベストセラー以外の書籍や古い書籍に予算を割けなくなるので，**1** が正解となる。

語句

☐ check out「（図書館などから）〜を借りる」　☐ adapt「適応する」　☐ hub「中心地」

☐ approachable「行きやすい」　　　　　　 ☐ patron「常連」

☐ shh「しーっ（「しゃべるな」という意味）」　☐ doctrine「原則」

☐ metered「従量制の」　　　　　　　　　　 ☐ loan out「〜を貸し出す」

D スクリプト 》) 071

This is an interview with Carol Davis, who works as a nurse in Britain.

★ **Interviewer (I):** Hello, everyone. Today we welcome Carol Davis to our program. Carol is Dean of the School of Nursing at a large British university. Welcome to the program, Carol.

★★ **Carol Davis (C):** Thank you, Robert. It's my pleasure.

I: So tell me, Carol, what brings you to Japan?

C: Well, I'm here to give a lecture at a Japanese nursing college. And you know, because I'm among nurses with whom I have so much in common, even though I don't speak any Japanese, I feel totally at home.

I: What you are saying, I think, is that by being a nurse, you are part of a global community.

C: Exactly.

I: That's wonderful. So, what stimulated you to take up nursing initially?

C: I think mainly my personal circumstances. You see, my mother died of cancer. And even after the doctors had given up on her, it was the nurses who continued to give her their total commitment, right up to the end. And it was then that I decided: that's what I want to do with my life.

I: I can understand that as a motivation. So looking back over your career, how would you sum up the main plus points of nursing?

C: Well, the biggest thing is that you can feel you're contributing to society, your work helps others. It's really rewarding when patients smile at us and say "thank you" as they leave the hospital. You know, our work can be really tough sometimes, but those smiles and words of appreciation make me forget the difficulties. That's why I can continue doing this job despite all the hardships. And also ... opportunities to travel to advanced and developing countries, the knowledge that your skills will always be needed, a wide range of specialties within nursing, and as I mentioned earlier, the feeling of comradeship with other nurses everywhere.

I: How about the problems you find in your job?

C: I think the main thing here is that nursing can be very demanding, physically and emotionally. Maybe there's some friction among the staff, you have to deal with a succession of difficult patients, have to work extra time because of staff shortages, there are times when you feel everything is getting on top of you. But even in that sort of situation, you remember that you hold people's lives in your hands and you discover within yourself resources that you didn't know you had.

I: So, Carol, what advice would you give to young people wanting to take up nursing?

C: It's difficult to give a short answer, but to all young women and nowadays, to an increasing extent, young men who want to be nurses, I could give some advice. Firstly, of course, get a degree in nursing from a good nursing college or university. Get a thorough grasp of all the technical knowledge you need, but never forget that the foundation of nursing is human caring. Make sure that you keep yourself fit. And finally, read as widely as you can, and develop a positive outlook on life. I believe an optimistic attitude helps you not just in the job of nursing but also in every aspect of your life.

I: That's very good advice. Well, thank you Carol, for joining us.

C: Thank you, Robert. It has been my pleasure.

Questions

No. 7　What stimulated Carol to take up nursing as a career?

No. 8　How does Carol think nurses react in very tiring situations?

全訳

これはイギリスで看護師として働いているキャロル・デイビスさんとのインタビューです。

インタビュアー（I）：皆さん，こんにちは。本日は当番組にキャロル・デイビスさんをお迎えしています。キャロルさんはイギリスのある大きな大学の看護学部長でいらっしゃいます。キャロルさん，番組へようこそ。

キャロル・デイビス（C）：ありがとうございます，ロバートさん。お招きいただいて光栄です。

I：さて，キャロルさん，どうして日本においでになったのかお話しいただけますか。

C：えー，日本のある看護学校で講演をするために来ました。そして，私も看護師の1人であり，共通点の多い皆さんの中にいますので，日本語はまったく話せないのですが，とても居心地よく感じています。

I：おっしゃっているのは，私が思うに，看護師であることで，国際社会の一員であるということですね。

C：まさにそのとおりです。

I：素晴らしいですね。それで，看護の仕事をしたいと思った元々のきっかけは何ですか。

C：私の個人的な境遇による部分が大きいと思います。あのー，私の母はがんで亡くなりました。医師たちが母のことを諦めた後も，最後の最後まで全力で母に尽くし続けてくれたのは看護師さんたちでした。そのときですね，決めたのは。それが自分の人生でやりたいこと

だって。

I：それが動機だというのはわかります。さて，ご自分のお仕事を振り返ってみて，看護の仕事の主なよかった点をまとめるとどのようになりますか。

C：そうですね，最も大きいのは，自分が社会に貢献している，自分の仕事が人の役に立っていると感じられることです。患者さんが病院を去る際にほほえんで「ありがとう」と言ってくれると，本当に報われます。ご承知のとおり私たちの仕事は実に苦しいこともありますが，そうした笑顔や感謝の言葉が苦しさを忘れさせてくれるのです。つらいことがたくさんあってもこの仕事を続けられるのはそれが理由です。それから……先進国や発展途上国に旅をする機会。自分の技術がいつも必要とされていると知ること。看護に関する広い専門技術。それから，先ほども言いましたが，どこに行っても，ほかの看護師たちに仲間意識を感じるという点ですね。

I：お仕事の問題点はどうですか。

C：それについて大きな点は，看護というのは肉体的にも精神的にもとても求められるものが大きい仕事だということです。職員の間には摩擦があるかもしれませんし，難しい患者さんに立て続けに対処しないといけないこともありますし，職員不足で時間外も働かなければならないこともありますし，すべてが自分の手に負えなくなってきていると感じることもあります。でも，そんな状況でも，人の命が自分の手にかかっていると思い出し，自分が持っていると気付いていなかった資質を自分の中に発見するんです。

I：では，キャロルさん，看護の仕事をしたいと思っている若い人たちに，どんなアドバイスがありますか。

C：一言で言うのは難しいですが，すべての若い女性と，最近増えている看護師になりたいという若い男性にもいくつかアドバイスを。まず，当然ですが，よい看護学校か看護大学で看護師の学位を取得するということ。必要な専門知識を完全に身に付けること，しかし，看護の基本は人をケアすることだということを決して忘れないこと。体調を確実に整えておくこと。そして最後に，できるだけ幅広い読書をすること，人生に対して前向きな姿勢を持つこと，ですね。楽観的な態度は，看護の仕事においてだけでなく，人生のすべての局面において助けになるものだと考えます。

I：とてもいいアドバイスですね。えー，キャロルさん，お越しいただきありがとうございました。

C：こちらこそありがとうございました，ロバートさん。

No. 7 解答 2

設問の訳 キャロルが看護を仕事にしようと考えたきっかけは何か。
    1 世界中を旅する機会があった。
    2 母親の世話をしてくれた看護師たちを尊敬していた。
    3 日本に来た際に偉大な医師に会った。

4 失業することはないと考えていた。

インタビュアーは４つ目の発言でキャロルが看護師になった理由を聞いており，その答えにヒントがある。自分の母を親身になって世話してくれた看護師たちが影響したと述べており，正解は**2**。

No. 8 解答 4

とても骨の折れる状況で看護師はどう反応するとキャロルは考えているか。
1 諦めてほかの職種への転職を決意する。
2 自分のスキルを一層高める努力をする。
3 同情してくれる医師を探す。
4 思ってもみなかった何かが自分の中にあることに気付く。

仕事がつらいときの話はキャロルの６つ目の発言にあり，その最後がヒント。そのようなときにこそ自分の中にある資質に気付くのだという。本文の resources that you didn't know you had が選択肢では something unexpected と言い換えられている点に注意。**2**はありそうに思えるが，インタビュー中では特に触れられていない。

□ dean「学部長」 □ commitment「献身，関与」 □ rewarding「やりがいのある」
□ comradeship「仲間意識」 □ friction「摩擦，不和」 □ succession「連続」
□ get on top of「〜の手に負えなくなる」

Chapter 6
模擬テスト

Listening Test 模擬テスト第1回

There are four parts to this listening test.

Part 1 **Dialogues**: 1 question each / Multiple-choice
Part 2 **Passages** : 2 questions each / Multiple-choice
Part 3 **Real-Life** : 1 question each / Multiple-choice
Part 4 **Interview**: 2 questions / Multiple-choice
*Listen carefully to the instructions.

Part 1

))) 072-082 / 解答・解説 ▶ p.192

No. 1 **1** Make the ending more surprising.
       2 Give one character a weakness.
       3 Simplify the plot.
       4 Add another character.

No. 2 **1** Decline to attend the interview.
       2 Bring some of her artwork to the interview.
       3 Mention her side business at the interview.
       4 See if she can do the interview online.

No. 3 **1** It does not have a good warranty.
       2 It is difficult to use.
       3 It is cheaper than other juicers.
       4 It can make many kinds of juices.

No. 4 **1** The deadline has been shortened.
       2 Her clients often change their requests.
       3 She often disagrees with her coworkers.
       4 Another worker's plan was used instead of hers.

No. 5 **1** It is not worth the high price.
      2 It lacks suction power.
      3 Its quality is not as good as others.
      4 Its name is misleading.

No. 6 **1** The first lecture went on for too long.
      2 The deadline for changing classes is too soon.
      3 The change to the schedule was unfair.
      4 The professor made a mistake.

No. 7 **1** Gail Winters should lose her job.
      2 Dan Tweed is the one at fault.
      3 Gail Winters needs to be more confident.
      4 Dalton Inc.'s requests were unfair.

No. 8 **1** It should be built in a different area.
      2 It will be larger than the one in Westmount.
      3 It should have been built long ago.
      4 It will help Dave's family more than his.

No. 9 **1** Her brothers will get more money than her.
      2 She will receive real estate instead of money.
      3 It will take time to receive the money.
      4 Her uncle died owing a lot of money.

No. 10 **1** Reduce the price of their products.
      2 Criticize a competitor's products.
      3 Change their marketing strategy.
      4 Increase their advertising budget.

Part 2

))) 083-088 ／ 解答・解説 ▶ p.204

A *No. 11*　**1**　It should not be allowed to go through forests.
　　　　　　2　The federal government had no right to build it.
　　　　　　3　It would be more expensive than other national roads.
　　　　　　4　The toll money should be given to the states.

　　　No. 12　**1**　Efforts were made to repair it.
　　　　　　2　It began to be used by new settlers.
　　　　　　3　Train travel reduced its popularity.
　　　　　　4　It was first used by automobiles.

B *No. 13*　**1**　High quotas lower motivation.
　　　　　　2　Bonuses work better than quotas.
　　　　　　3　Only some employees respond to bonuses.
　　　　　　4　More frequent bonuses are more effective.

　　　No. 14　**1**　It is not legal in some industries.
　　　　　　2　It can be too expensive for some firms.
　　　　　　3　It can cause workers to be dishonest.
　　　　　　4　It is hard to create a fair evaluation system.

C *No. 15*　**1**　Their eggs become much larger.
　　　　　　2　Crops grow faster than usual.
　　　　　　3　The weather temporarily turns wet.
　　　　　　4　Their food supply increases.

　　　No. 16　**1**　By using different types of pesticides.
　　　　　　2　By allowing them to consume more food.
　　　　　　3　By having farmers grow different crop varieties.
　　　　　　4　By using chemicals that block a certain hormone.

D *No. 17*　**1**　Banks have to increase their lending.
　　　　　2　Poor citizens often protest against governments.
　　　　　3　More spending may be needed in the future.
　　　　　4　People with children may leave the country.

　　No. 18　**1**　It actually made inflation worse.
　　　　　2　It increased investor confidence.
　　　　　3　It increased the budget deficit.
　　　　　4　It deepened the recession.

E *No. 19*　**1**　Their BioDomes were improved.
　　　　　2　Stem cells were injected into them.
　　　　　3　They had unique muscle and bone cells.
　　　　　4　Scar tissue did not form on their injuries.

　　No. 20　**1**　Using different types of drugs.
　　　　　2　Giving the same drugs to humans.
　　　　　3　Analyzing the frogs' muscles and bones.
　　　　　4　Changing the way limbs are amputated.

Part 3

))) 089-094 / 解答・解説 ▶ p.214

F | *No. 21* **Situation:** Your business needs a security system that will protect the whole building, and confidential documents are stored in your offices. Your total budget is $150 per month. An acquaintance who runs a company is telling you about various options.

Question: Which company should you choose?

1 Multi-Protect.
2 Scott's Security.
3 Elgin Security.
4 Blueline Security.

G | *No. 22* **Situation:** You want to donate money to a charity. You want to help children and give the money to the place that needs funds the most. A friend is telling you about some different charities.

Question: Which charity should you donate to?

1 The Abercrombie Society.
2 St. Luke's Hospital.
3 Victoria Hospital.
4 The Rosencrantz Foundation.

H | *No. 23* **Situation:** You live in the neighborhood of Belmont and want to get to the airport, on the west side of the city, as fast as possible. You are listening to a traffic report on the radio.

Question: What road should you use?

1 Highway 503.
2 Appleby Boulevard.
3 Markham Road.
4 Granton Street.

No. 24 **Situation:** A salesperson is showing you gaming headsets. You are buying one for your son, who can be rough with electronic devices. You want suitable sound quality for gaming, but hope to get the cheapest price.
Question: Which headset should you buy?

1 Omni5000.
2 SonicBlast XE.
3 Sound Pros.
4 Com Tech XT.

J *No. 25* **Situation:** Some hackers have broken into your company's computer system. You have already checked to make sure no files are missing. You hear the following voice mail from the manager of your section.
Question: What should you do next?

1 Change the system's passwords.
2 Get in touch with Maggie Burns.
3 Visit websites for hackers.
4 Contact Redhawk Security.

Part 4

))) 095-096 / 解答・解説 ▶ p.222

No. 26 **1** They ignored data on traffic volume.
2 They did not create enough public spaces.
3 They did not know how to use their intuition.
4 They made decisions without consulting local people.

No. 27 **1** She is interested in planning for the future.
2 She plans to increase the number of roads.
3 She is likely to win the next election.
4 She wants to replace some ongoing projects.

模擬テスト第1回　解答一覧

問題番号		解答	問題タイプ・テーマ
Part 1	No. 1	2	Suggest
	No. 2	3	To do
	No. 3	4	Think/Say
	No. 4	2	Why/Problem
	No. 5	1	Imply
	No. 6	2	Imply
	No. 7	2	Think/Say
	No. 8	1	Imply
	No. 9	3	Learn
	No. 10	3	To do
Part 2	**A** No. 11	2	文化・歴史
	No. 12	3	
	B No. 13	4	政治・経済
	No. 14	3	
	C No. 15	3	自然・環境
	No. 16	4	
	D No. 17	3	政治・経済
	No. 18	2	
	E No. 19	4	医療・テクノロジー
	No. 20	1	
Part 3	**F** No. 21	4	個人に向けた説明
	G No. 22	3	個人に向けた説明
	H No. 23	1	ラジオ
	I No. 24	4	個人に向けた説明
	J No. 25	3	ボイスメール
Part 4	No. 26	4	―
	No. 27	1	

No. 1 解答 **2** スクリプト・全訳)) 073

★ : I read the draft of your short story, Li Ping. It was terrific.

★ : Thank you. Do you have any suggestions?

★ : Well, the plot was strong, and the twist in the final chapter was fantastic, but you might want to add a character flaw.

★ : What do you mean?

★ : Well, the heroine seemed almost perfect. If, for example, she was a bit immature, the reader might worry more about whether things will work out in the end for her.

★ : That's a good idea. I think I'll revise the story a bit.

Question: What does the man suggest the woman do?

★ : リー・ピンさん, あなたの短編の草稿を読みました。素晴らしかったです。

★ : ありがとうございます。何かご提案はありますか。

★ : そうですね, 話の筋はしっかりしていたし, 最終章の意外な展開も素晴らしかったですね。ただ, 登場人物に弱みを加えてもいいかもしれません。

★ : と言いますと？

★ : えー, ヒロインがほとんど完璧に思えました。例えば, もし彼女に少々未熟なところがあれば, 最後に物事が彼女にとってうまくいくかどうか, 読者はもっと心配するかもしれません。

★ : よい案ですね。少し話を変えてみたいと思います。

質問： 男性は女性が何をすることを提案しているか。

選択肢の訳 **1** もっと驚くエンディングにする。

2 1人の登場人物に弱点を与える。

3 物語の筋を簡略化する。

4 別の登場人物を1人加える。

解説 男性の提案はヒロインに flaw「弱み, 欠点」という要素を加えることだが, この一言では具体的にわかりにくく, 女性も説明を求めている。具体的には, ヒロインが immature「未熟な」だと読者が心配になり面白くなる, と男性は説明している。会話内の flaw を選択肢では weakness と言い換えている。

☆： Radwan, you know I have that side business selling artwork on the Internet? Do you think it's OK to bring it up at my job interview on Friday?

★： Would any of the skills be relevant to the job you're applying for?

☆： It's a marketing position, so the work I've done promoting my designs is definitely related.

★： In that case, it seems reasonable to tell them about it, as long as you make it clear that your new job will be your number one priority.

☆： Thanks. That sounds like good advice.

Question: What will the woman probably do?

☆： ラドワン, 私がネットで工芸品を販売している例の副業のことは知っているわよね。金曜日の私の就職面接でその話題を出してもいいと思う?

★： 応募しているその仕事に, そのスキルは何か関係がありそう?

☆： マーケティングのポジションだから, 自分のデザインを売り込むためにしてきた作業は間違いなく関係しているわ。

★： それなら, そのことを先方に話すのは理にかなっていると思えるよ。新しい仕事が君にとって最優先事項だということを明確にしさえすればね。

☆： ありがとう。いいアドバイスをもらえたみたい。

質問： 女性はおそらく何をするか。

選択肢の訳　**1** 面接への出席を辞退する。
2 自分の工芸品を面接に持って行く。
3 面接で副業について触れる。
4 面接をオンラインで受けられるかどうか確認する。

解説　**2** と **3** が類似しているが, 作品を「持って行く」か「話題に出す」かの違い。ポイントは bring up の意味。bring は「〜を持って行く」だが, bring up は「〜を話題などに出す」という意味。ここでは, 女性が作品を持って行くのではなく, 話題として触れるという意味なので注意が必要だ。

No. 3 解答 **4** **スクリプト・全訳**))) 075

★： I was looking at juicers online this morning, honey.

★★： Oh, good. With the noise ours is making, I'm pretty sure it's on its last legs.

★： The Juicemaster Plus is the most versatile. It can handle pretty much anything you care to put in it. And there's no other juicer with a warranty that compares to it.

★★： Did you order one?

★： Well, the main drawback is the price. I want to think it over before I shell out that much.

★★： OK, but I'm sure we'll be needing one fairly soon.

Question: What does the man say about the Juicemaster Plus?

★： ねえ，今朝ネットでジューサーを見ていたんだ。

★★： あら，いいわね。うちのジューサーは音がひどいから，間違いなくもうすぐ壊れるわ。

★： ジュースマスタープラスが機能が一番多いんだ。中に入れたいものはだいたい何でも扱える。それに，保証がほかのジューサーとは比べものにならない。

★★： 注文したの？

★： ただ，主な欠点は値段だ。大枚をはたく前によく考えたいな。

★★： わかった。でも，じきに必要になると思うわ。

質問：男性はジュースマスタープラスについて何と言っているか。

選択肢の訳 **1** 保証内容がよくない。

2 使いにくい。

3 ほかのジューサーより安い。

4 多くの種類のジュースを作れる。

解説 男性はジュースマスタープラスを高く評価しており，その具体的な理由の 1 つが versatile「多用途の」である。ここでは，いろいろな種類のジュースが作れるという意味で，それを具体的に表しているのが **4** である。on *one's* last legs「壊れかけて」，shell out「(大金) を払う」などの慣用句や句動詞にも注意。

No. 4 解答 **2**   スクリプト・全訳   )) 076

⭐ : I'm so frustrated with this project.

⭐⭐ : Oh, another tight deadline?

⭐ : Well, I have a couple of months for this one. The problem is the clients seem to change their minds every five minutes. It's driving me and the other people on my team insane.

⭐⭐ : Oh, I can imagine how that would be frustrating. It's impossible to make plans in that situation.

⭐ : Yeah, we spent two weeks fulfilling one of their demands, and then they insisted they needed something completely different.

⭐⭐ : Well, hang in there.

Question: Why is the woman upset?

⭐ : このプロジェクトにはとてもいらいらする。

⭐⭐ : あれ，また締め切りが厳しいの？

⭐ : えーと，このプロジェクトの期間は 2，3 カ月あるわ。問題は，クライアントが 5 分ごとに気が変わるように思えることなの。そのせいで，私もチームのほかのメンバーも頭がおかしくなりそうだわ。

⭐⭐ : あー，それってどんなにいらいらするか，想像できるよ。そんな状況では計画も立てられない。

⭐ : ええ，クライアントの要求の 1 つに応えるのに 2 週間使ったの。そうしたら，全然違うものが必要だと言い張ったのよ。

⭐⭐ : まあ，がんばって。

質問：女性はなぜ怒っているのか。

選択肢の訳　**1** 締め切りが早まった。
　　　　　　2 彼女のクライアントは要望をよく変更する。
　　　　　　3 彼女は同僚と意見が合わないことが多い。
　　　　　　4 彼女の計画ではなく，別の人の計画が採用された。

解説　　男性が締め切りが問題なのかと尋ねているが，女性はそれが問題ではないと答えている。The problem is ... と問題点をはっきり述べているので，その直後に注目する。クライアントの考えがよく変わることが問題で，「5 分ごと」を **2** では often で言い換えている。

No. 5 解答 **1** 　スクリプト・全訳　　　　　　　　　　))) 077

★： Excuse me. Can I ask about these two vacuum cleaners? There's quite a substantial difference in the price. Do they have different features?

★： Well, they're quite similar in terms of weight and suction power.

★： So, there's practically no difference? How about the quality?

★： They're basically identical. The Magic Clean is more maneuverable, though. See this joint here? It allows you to turn it easily when you're vacuuming around objects.

★： If that's the only difference, I think I'll take the Turbo Plus.

★： That's probably wise. To be honest, you're mainly paying for the well-known brand name of the Magic Clean.

Question: What does the woman imply about the Magic Clean vacuum cleaner?

★： すみません。この２つの掃除機についてお聞きしていいですか。値段がかなり違いますね。特徴に違いがあるのですか。

★： そうですね，重さと吸引力の点では同じようなものです。

★： ということは，実質的に違いがないということですね。品質はどうですか。

★： 基本的には同じです。ただ，マジッククリーンの方が使いやすいです。ここの接続部がわかりますか？　物の周りに掃除機をかけるとき，このおかげで簡単に向きを変えることができます。

★： 違いがそれだけなら，ターボプラスにしようと思います。

★： たぶんそれが賢明です。正直なところ，ほとんどマジッククリーンという有名なブランド名の代金ですね。

質問：マジッククリーン掃除機について女性は暗に何と言っているか。

選択肢の訳　**1** 高い値段に見合わない。
2 吸引力が不足している。
3 品質がほかほどよくない。
4 名前が誤解されやすい。

解説　女性は掃除機の説明をしている。重さ，吸引力，品質がほぼ同じで，最後には，ブランド名で高くなっていると述べていることから，マジッククリーンはターボプラスに比べて高過ぎると考えていることがわかる。suction「吸引（力）」，maneuverable「扱いやすい」。

No. 6 解答 **2**　スクリプト・全訳　))) 078

★：How's that anthropology course you signed up for, Amanda?

★：I'm having second thoughts about it. The professor seemed passionate and charismatic, but the first lecture was over my head.

★：Are you going to drop it from your schedule?

★：Well, I feel like I should give it another chance, but the school's policy is that we only have one week at the beginning of the semester to make up our minds. It's not very much time to make such a major decision.

★：Oh, that's right. There are only two more days until the deadline.

Question: What does the woman imply?

★：アマンダ，登録した例の人類学の授業はどう？

★：考え直しているところよ。教授は熱意もカリスマ性もあると思えたけど，最初の講義は私には難し過ぎたわ。

★：時間割から外すつもり？

★：そうね，もう1回試してみた方がいいような気がするけど，学校の方針では，決めるのに学期の最初の1週間しかないのよ。そんな大きな決定をするというのに，時間が短いわ。

★：あー，そのとおりだね。期限までもう2日しかないよ。

質問：女性は暗に何と言っているか。

選択肢の訳　**1** 最初の講義は長過ぎた。
2 授業を変えるまでの期限が早過ぎる。
3 時間割の変更は不公平だった。
4 教授が間違えた。

解説　女性の言う「大きな決定」(major decision) とは，履修する授業を決めること。履修するかどうかを決めるためにもう一度考える機会が欲しいが，決定前に出席できる授業が1回しかないことについて，彼女は時間があまりない (not very much time) と不満を述べている。over *A's* head「Aの理解を超えて」。

No. 7 解答 **2** **スクリプト・全訳**))) 079

⭐: I just heard that one of our clients, Dalton Inc., requested that Gail Winters be replaced with another auditor.

⭐⭐: Yes, I saw a copy of her report, and she omitted several crucial tests.

⭐: I can't believe she messed up like that. Do you think she'll be fired?

⭐⭐: If you ask me, it's her manager, Dan Tweed, that deserves the blame. Gail made it very clear that she didn't have the confidence to do an audit on her own yet, but he sent her anyway.

⭐: Oh, I wasn't aware of that.

Question: What is the man's opinion of the situation?

⭐: 今聞いたのだけど，クライアントの1つであるダルトン社から，ゲイル・ウィンターズを別の会計監査員と変えてほしいという要請があったそうね。

⭐⭐: うん，彼女の報告書のコピーを見たよ。彼女はとても重要な検査をいくつか抜かしたんだ。

⭐: 彼女がそんなしくじりをしたなんて信じられないわ。彼女は解雇されると思う？

⭐⭐: 僕に言わせれば，責めを負うべきなのは彼女の上司であるダン・トゥイードだよ。ゲイルは1人で会計監査をする自信はまだないとすごくはっきり言っていたのに，結局ダンが彼女を派遣したんだ。

⭐: まあ，それは知らなかったわ。

質問： この状況に対する男性の意見は何か。

選択肢の訳 1 ゲイル・ウィンターズは仕事を失うべきだ。
2 責任があるのはダン・トゥイードだ。
3 ゲイル・ウィンターズはもっと自信を持つ必要がある。
4 ダルトン社の要請は不公平だった。

解説 男性はゲイルがミスを犯した件の詳細を女性に伝えている。ダン・トゥイードが責めを負うべき（deserves the blame）とはっきり述べているので，**2**が正解。ゲイルが職を失うかどうかに関しては何も述べていないが，ダンに責任があると述べていることから，ゲイルが失職すべきとは考えていないと推測できる。また，ダルトン社の要請が不公平という根拠はない。mess up「へまをする」。

No. 8 解答 **1** 〖スクリプト・全訳〗 　　　　　　　　　　　〳)) 080

★ : Did you see this article in the paper about the new school they're building?

★★ : Yes, it's over in Westmount, isn't it? I'm surprised they're not constructing one in Southdale.

★ : Yeah, it's totally ridiculous. My friend Dave lives in Southdale, and he said his kids' school is bursting at the seams.

★★ : It seems like the politicians always favor the wealthier neighborhoods in this city.

★ : Yeah, I'll bet there are going to be some protests.

★★ : I wouldn't be surprised.

Question: What does the man imply about the new school?

★ : 今建てている新しい学校に関するこの新聞記事を見た？

★★ : ええ，ウエストマウントなのよね？　サウスデールに建てているんじゃなくて驚いたわ。

★ : ああ，本当にばかげているよ。友達のデーブがサウスデールに住んでいるけど，彼の子供の学校は生徒が多過ぎてあふれそうだと言っていたよ。

★★ : この市では，政治家はいつも裕福な地区をひいきしているみたいね。

★ : ああ，きっとそのうち抗議があるよ。

★★ : そうなっても驚かないわ。

質問：新しい学校について男性は暗に何と言っているか。

〖選択肢の訳〗 **1** 別の地域に建てるべきだ。
2 ウエストマウントの学校より大きくなる。
3 もっと早く建てられるべきだった。
4 彼の家族よりもデーブの家族の助けになる。

〖解説〗 男性が ridiculous「ばかげている」と言っているのは，新しい学校がサウスデールではなく，ウエストマウントに建てられること。男性の友人がサウスデールに住んでおり，学校は生徒であふれそう（bursting at the seams）だと言っているので，男性がそちらに建てるべきだと思っていることがわかる。

No. 9 解答 **3** スクリプト・全訳)) 081

★ : So, what did the lawyer say, honey?

★ : Well, it looks like the inheritance is going to be very substantial, although it will be split between my two brothers and me. It's going to be at least $200,000 each.

★ : I'm surprised that your uncle had so much money.

★ : Well, he was one of the most successful real estate agents in town. Plus, he lived very frugally. Did you know he got all his clothes from thrift shops?

★ : Yes, actually, that was pretty obvious. I never once saw him in anything that looked less than a decade old.

★ : He was quite a character, wasn't he? I'm really going to miss him.

★ : Me too. Did the lawyer say anything else?

★ : Apparently, since he died without a will, it's going to be quite a complicated process, and there are going to be a lot of legal fees.

★ : Is there any question about you receiving your full share of the inheritance?

★ : Oh, the lawyer assured me that we'll receive the inheritance eventually. But we shouldn't hold our breath.

★ : So, I guess we're not going to Hawaii next month?

★ : Not likely.

Question: What did the woman learn from the lawyer?

★ : それで，弁護士は何と言っていたの？

★ : えーと，遺産はかなりの額になるみたい。でも，私と2人の兄で分けることになるわ。少なくとも各自が20万ドルになるわ。

★ : 君の伯父さんがそんなにお金を持っていたなんて驚きだよ。

★ : まあ，彼は町で最も成功した不動産業者の1人だったわ。それに，とても倹約して暮らしていたの。伯父は服をすべてリサイクルショップで買っていたって知ってた？

★ : ああ，実のところ，それは見ればすぐにわかったよ。10年以内の服だと思えるものを彼が着ているのを一度も見たことがなかった。

★ : とっても味のある人だったわよね。本当に寂しくなるわ。

★ : 僕もだよ。弁護士はほかに何か言ってた？

★ : 伯父は遺書を残さずに亡くなったから，どうやら，かなり複雑な手続きになりそうなの。それに，弁護士費用も高額になるわ。

★： 君が自分の分の遺産をすべて受け取ることに関して何か疑問点はないの？

★： あー，最終的に遺産は受け取れると弁護士は請け合っていたわ。ただ，期待し過ぎない方がいいわね。

★： ということは，来月ハワイへ行くなんてことはないね。

★： なさそうね。

質問：女性は弁護士の話から何を知ったか。

選択肢の訳　**1** 彼女の兄たちの方が彼女より多くお金を受け取る。

　　　　　　2 彼女はお金ではなく不動産を受け取る。

　　　　　　3 お金を受け取るまでに時間がかかる。

　　　　　　4 彼女の伯父は多額の借金を残して亡くなった。

解説　女性の we shouldn't hold our breath「期待し過ぎない方がいい」が直接のヒントだが，それがわからなくても，complicated process や「来月ハワイに行くことはない」から推測することも可能。正解は **3**。3 人のきょうだいで分けて各自が少なくとも 20 万ドルを受け取ると述べているが，どう分けるかは言っていないので **1** は不正解。frugally「倹約して」，thrift shop「リサイクルショップ」。

No. 10 解答 **3** **スクリプト・全訳**))) 082

★: Rhonda, Simone, we need to talk about our sales.

★: It's getting pretty serious, isn't it, Malik? They've been declining ever since that new chain, Sparkle Jewelers, opened up last year. They've been seriously undercutting us.

★★: That's right, Rhonda. They've really slashed prices, so competing with them in that category is out of the question.

★: Maybe we need to expand our advertising. Our wedding ring discount campaign boosted our sales by about 15 percent a few years ago.

★: I'm afraid something like that isn't feasible at the moment, though.

★★: Maybe we should alter our marketing message to appeal to socially conscious customers.

★: What do you mean?

★★: Well, there have been a lot of media reports recently about how precious stones are obtained through environmentally damaging mining techniques or by exploiting labor in developing countries.

★: I agree. We could emphasize that our products are obtained sustainably and ethically.

★: I like it. If we can educate customers, they'll realize that our products are very different from those of our competitors. I think this is the way to go.

★★: And they'll realize that it's worth spending a little bit more at a more reputable company instead of Sparkle Jewelers.

Question: What do these people decide to do?

★: ロンダ，シモーン，わが社の売り上げについて話し合いが必要だ。

★: かなり深刻になっているわよね，マリク。去年あの新しいチェーン店のスパークル・ジュエラーズが開店してから，下がり続けているわね。彼らのせいで私たちがひどく割を食っているわ。

★★: そのとおりね，ロンダ。彼らは価格をすごく下げているから，同じ土俵で勝負するのは無理よ。

★: 広告をもっと増やす必要があるかもね。数年前の結婚指輪の値引きキャンペーンで売り上げは約 15% 伸びたわ。

★: でも残念ながら，現時点でそのようなやり方は現実的ではないと思うよ。

★★: 社会的意識の高い顧客に訴えられるように，販売メッセージを変えるべきなのかもしれない。

★： どういうこと？

★★： んー，最近は，環境に悪い採掘技術を使ったり発展途上国の労働者を搾取したりして宝石を入手しているという報道がたくさんあるわ。

★： 同感よ。私たちの製品は持続可能で倫理的な方法で入手していることを強調できるかも。

★： いいね。私たちが顧客を啓発できれば，私たちの製品が競合相手とはまったく異なっていることに彼らは気付くだろう。これが進むべき道だと思う。

★★： そうすれば，彼らは，スパークル・ジュエラーズではなく，より評判のいい企業に少し多めにお金を出すことには価値があると気付いてくれるわ。

質問：この人たちは何をすることにしたか。

選択肢の訳 **1** 製品の価格を下げる。
　　　　　2 競合相手の製品を批判する。
　　　　　3 マーケティング戦略を変える。
　　　　　4 広告予算を増やす。

解説　いろいろな方策が言及されているが，最終的に合意したのは，環境・倫理面で競合他社より優れている点を強調すること。**3** ではこれを「戦略（strategy）を変える」と表現している。結果として **2** の「批判する」につながり得るが，表立って批判はしないので，**2** は不正解となる。undercut「〜の力を弱める」。

A スクリプト ★：*The Cumberland Road*))084

In the early 1800s, US president Thomas Jefferson commissioned the young nation's first national highway, known as the Cumberland Road. It was begun in 1811 and connected Cumberland, Maryland, on the United States' east coast, with Vandalia, Illinois, nearly a thousand kilometers to the west. Jefferson hoped to open up the newly admitted state of Ohio during a period when land transportation consisted mainly of forest trails and expensive private toll roads. However, there was tremendous opposition to his plan as many believed it to be in violation of the US Constitution. Opponents argued that authority to build roads belonged only to the states. The Cumberland Road began part of an ongoing power struggle between the states and the federal government until Jefferson eventually emerged victorious.

The road provided thousands of settlers with access to territories in the American West throughout much of the nineteenth century. A boom in railroad construction during the 1870s, however, caused the Cumberland Road to fall into disuse and disrepair. It was not until the advent of the automobile that it regained prominence in the 1920s and served as an inspiration for a new interstate highway system that is still in use today.

Questions

No. 11　What did some people believe about the Cumberland Road?

No. 12　What happened to the Cumberland Road in the late 1800s?

全訳 カンバーランド道路

　1800 年代初頭，アメリカ大統領トーマス・ジェファソンは，カンバーランド道路として知られる，若いこの国で初めてとなる国道を建設する指令を出した。道路は 1811 年に工事が始まり，アメリカ合衆国の東海岸にあるメリーランド州カンバーランドを，そこから西に 1,000 キロ近く離れたイリノイ州バンダリアと結んだ。ジェファソンは，陸上輸送が主に林道と高額な有料私道で構成されていた時代に，新しく認可されたオハイオ州を開拓することを望んでいた。しかし，彼の計画はアメリカ合衆国憲法に反すると考える人が多かったので，計画はすさまじい反対に遭った。反対派は，道路を作る権限は州のみが所有していると主張した。カンバーランド道路は，州と連邦政府の間で続く権力闘争の一部の端緒となり，それは最終的にジェファソンが勝利を収めるまで続いた。

　この道は，19 世紀の多くを通じて，何千人もの入植者にアメリカ西部地域の領土へのアクセスを提供した。しかし，1870 年代の鉄道建設ブームにより，カンバーランド道路は使われなくなり荒れ果てた。自動車が登場すると 1920 年代に再び注目を集め，現在でも使わ

れている新たな州間高速道路網の着想を与えることとなった。

No. 11 解答 **2**

設問の訳 カンバーランド道路について一部の人はどう考えていたか。
1 森を通過することを認めるべきではない。
2 連邦政府にその道路を作る権限はない。
3 ほかの国道よりも多額の費用がかかるだろう。
4 通行料は州に渡すべきだ。

解説 第1段落後半で，道路を作る権限は州のみに帰属するという考え方が示されている。裏を返せば，連邦政府にその権限はないという主張になり，これが**2**の内容と一致する。アメリカでは州と連邦政府の権限を巡る争いがあったという背景が次の文で示されているので，これもヒントとなる。

No. 12 解答 **3**

設問の訳 1800年代後半にカンバーランド道路に何が起きたか。
1 補修する取り組みが行われた。
2 新たな入植者が使うようになった。
3 列車での移動により道路の人気が落ちた。
4 当初は車が使用していた。

解説 第2段落で1870年代，すなわち1800年代後半のことが語られており，鉄道の登場でカンバーランド道路の利用が減少したこと，荒廃したことが述べられているので**3**が正しい。補修されたとは述べられていないので**1**は不正解。**2**は「19世紀の多く」の出来事なので誤りとなる。

語句
□ commission「～を委託［依頼］する」　□ toll road「有料道路」　□ victorious「勝利の」
□ disuse「不使用」　□ disrepair「破損，荒廃」　□ advent「到来」
□ prominence「目立つこと」

B 　スクリプト 　★：*Incentive Pay* 　))) 085

　　In recent decades, more and more businesses have been offering performance-based financial incentives to employees in the hopes of raising productivity and motivation. And according to research in the United States, incentives like bonuses based on quotas do boost productivity. The researchers also determined that quarterly bonuses were more stimulating than annual ones. Furthermore, they found that reaching quotas did not stop high achievers from continuing to put forth an extra effort, especially if there were incentives for overachieving.

　　Not all experts favor incentive pay systems, however. In recent years, a major American bank that had implemented an incentive pay system found itself in the headlines due to various legal and ethical violations. The bank's incentive pay and evaluation systems placed enormous pressure on employees, and many began resorting to fraud in order to meet quotas. According to some experts, this is an example of employees' tendencies to make poor decisions and put their morals aside when struggling to earn bonuses. Furthermore, since many systems reward some employees at the expense of others, incentive pay has been said to negatively affect employee satisfaction and company harmony.

Questions

No. 13 　What is one thing the researchers in the United States found about incentive pay?

No. 14 　What is one possible disadvantage of incentive pay?

全訳 　インセンティブ給与

　　ここ数十年，生産性とモチベーションの向上を期待して，業績に応じた金銭的なインセンティブを従業員に提供する企業が増えている。そして，アメリカでの調査によると，ノルマに基づくボーナスなどのインセンティブは，確かに生産性を高める。その調査を行った研究者たちは，年1回のボーナスより四半期ごとのボーナスの方が刺激を与えることも突き止めた。さらに，ノルマの達成が優れている人は，達成後も，特に想定以上の成功に対するインセンティブがあると，さらに努力を続けることをやめないことがわかった。

　　しかし，すべての専門家がインセンティブを利用した給与システムを支持しているわけではない。近年，インセンティブ給与制度を実行したアメリカの大手銀行が，さまざまな法的・倫理的違反で新聞の見出しに載った。その銀行のインセンティブ給与・評価制度は従業員に膨大なプレッシャーを与え，多くの従業員がノルマを達成するために詐欺行為に走り始めた。

一部の専門家によると，これは，従業員がボーナスを得るのに苦労しているとき，誤った判断をしたりモラルを考えないようにしたりする傾向があることを示す一例である。さらに，多くの制度はほかの従業員を犠牲にして一部の従業員に報酬を与えるので，インセンティブ給与は従業員の満足度と企業の調和に悪影響を及ぼすと言われている。

No. 13 解答 **4**

設問の訳 インセンティブ給与についてアメリカの研究者が発見したことの１つは何か。
1 高いノルマはモチベーションを下げる。
2 ボーナスはノルマよりも効果がある。
3 一部の従業員しかボーナスに反応しない。
4 ボーナスの回数が多い方が効果的だ。

解説 アメリカでの研究から明らかになったことは前半に述べられている。ノルマに基づくボーナスが生産性を高める，回数が重要，達成度が高いと努力が続く，の３点。この２点目を指している **4** が正解。

No. 14 解答 **3**

設問の訳 インセンティブ給与の考えられるデメリットの１つは何か。
1 業界によっては，法律に反する。
2 企業によっては，高過ぎる可能性がある。
3 従業員を不誠実にする可能性がある。
4 公平な評価制度を作ることは難しい。

解説 本文の後半にインセンティブ給与制度のデメリットと思われる点が列挙されている。ノルマの達成を目指して不正を働く従業員がいること，誰かが犠牲になるので従業員の満足度と企業全体の調和に悪影響を与えることの２点が述べられている。この１つ目を **3** では dishonest で表現している。インセンティブ給与は不正の原因にはなるが，それ自体が違法ではないので **1** は誤り。

語句
□ incentive「刺激，報奨」　　□ quota「ノルマ」
□ quarterly「年４回の」　　□ put forth「（力など）を発揮する［尽くす］」
□ implement「～を遂行する」　□ fraud「詐欺」

C　スクリプト　★★：*Grasshoppers and Locusts*　))) 086

　　Many people do not realize that some species of the cute, green, hopping insects known as grasshoppers can turn into terrifying swarming locusts that destroy millions of tons of farmers' crops. Grasshopper species do not always transform this way, however. It is only when the dry climate they live in suddenly gets a lot of precipitation that they lay huge numbers of eggs. They take advantage of the increase in plant life that the moisture will bring. When the weather turns dry again, however, the lack of food causes the grasshoppers' bodies to release a hormone called serotonin. This transforms them into the locusts that cause so much damage. They change color and become much more social, forming huge swarms that can eat as much food as 35,000 people in a single day.

　　Until now, farmers have generally tried to control locusts using pesticides. However, the discovery that it is serotonin that transforms them has opened up new possibilities. Researchers found that giving chemicals to grasshoppers that prevent the release of serotonin could stop them from becoming swarming locusts. If this could be done on a large scale, perhaps these pests could be controlled or eliminated.

Questions

No. 15　What happens before grasshoppers turn into swarming locusts?

No. 16　How might locusts be controlled in the future?

全訳　バッタとトビバッタ

　バッタとして知られるかわいくて緑色で跳ね回る昆虫の一部の種が，何百万トンもの農作物を荒らす恐ろしいトビバッタの群れに変化することがある，ということに多くの人は気付いていない。しかし，バッタ種が必ずこのように変化するわけではない。それらが生息する乾燥した気候に突然大量の降水があったときだけ，卵を大量に産み付ける。その湿気で植物の生存期間が延びたことを利用するのである。しかし，気候が再び乾燥すると，食料不足により，バッタの体はセロトニンと呼ばれるホルモンを放出する。これがバッタを，多大な被害を引き起こす形のトビバッタに変化させる。バッタは色を変え，はるかに社会性を増し，大群を形成して 35,000 人分の食料を 1 日で食べることもある。

　これまで，農家は一般的に殺虫剤を使ってトビバッタを制御しようとしてきた。しかし，バッタを変化させるのがセロトニンだとわかると，新たな可能性が開けた。研究者は，セロトニンの放出を抑える化学物質を与えることで，バッタがトビバッタの群れになるのを防げることを発見した。これを大規模に実施できれば，もしかするとこの害虫を制御したり駆除

したりできるかもしれない。

No. 15 解答　**3**

設問の訳　バッタがトビバッタの群れに変化する前に何が起きるか。
1 バッタの卵がずっと大きくなる。
2 作物が通常よりも速く育つ。
3 一時的に雨の多い天候になる。
4 食料の供給が増える。

解説　バッタは必ず害を起こす形に変化するわけではなく，変化は一定の条件下のみで起こる。その条件とは，乾燥した気候における大量の降水である。これが変化の引き金になっているので，変化の「前に」起きることである。降水量の上昇により作物の生存期間は延びるが，成長が速くなるわけではないので，**2** は誤り。

No. 16 解答　**4**

設問の訳　トビバッタは将来どのように制御される可能性があるか。
1 異なる種類の殺虫剤を使うことで。
2 もっと食料を消費することを許すことで。
3 農家に作物の別の品種を育ててもらうことで。
4 ある種のホルモンを制止する化学物質を使うことで。

解説　現在は殺虫剤が使われているが，バッタの体からセロトニンが放出されることで変化することがわかっており，それを化学物質で抑えられることが発見され，将来それを大規模に行えばよいと述べている。**4** ではセロトニンを a certain hormone「ある種のホルモン」と言い換えている。

語句

□ grasshopper「バッタ」　　□ locust「トビバッタ」　　□ swarm「群れ（を成す）」
□ transform「変身する」　　□ precipitation「降水量」　　□ moisture「湿気」
□ serotonin「セロトニン」　　□ pesticide「殺虫剤」　　□ pest「害虫」
□ eliminate「～を駆除する」

D スクリプト ★：*Austerity*)) 087

During times of economic recession, governments frequently adopt austerity measures, such as the elimination of non-essential programs and cuts to everything from healthcare to education spending. Critics of austerity, though, argue that it can actually delay economic recovery. Government spending cuts cause businesses and consumers to reduce their spending, and this leads to bankruptcies and unemployment. There may be an even more serious problem, however. Research shows that low-income citizens are more affected by austerity, and the hardships that result can cause mental and physical changes that negatively impact children's learning, emotional control, memory, and language. In the long run, this can have a tremendous impact on society and necessitate increased spending on things like welfare, healthcare, and prisons down the road.

On the other hand, there may be times when austerity is needed. Out-of-control budget deficits tend to reduce investor confidence regarding the economy, but austerity can restore it. Countries like Finland and Sweden are said to have stimulated their economies in this way. Furthermore, government spending can contribute to inflation, which is often a contributing factor in recessions. Austerity measures can reduce inflation, and thereby fight economic downturns.

Questions

No. 17 What is one possible negative effect of government austerity measures?

No. 18 What effect is austerity said to have had in Finland and Sweden?

全訳 緊縮策

　景気後退期になると，政府は必須ではない事業の廃止や，医療費から教育費まであらゆるものの削減といった緊縮策を頻繁に採用する。しかし，緊縮策を批判する人たちは，緊縮策は実際には経済回復を遅れさせる可能性があると主張する。政府が支出を削減すると，企業と消費者は支出を削減し，これが倒産と失業につながる。しかし，さらに深刻な問題が起きるかもしれない。研究によれば，低所得者の方が緊縮策の影響を受けやすく，その結果生じる困難は子供の学習，感情のコントロール，記憶力及び言語に悪影響を与える精神的及び身体的変化を生むことがある。長期的には，このことが社会に多大な影響を与え，将来的に福祉，医療，刑務所といったことへの支出の増加が必要になる可能性がある。

　一方で，緊縮策が必要なときがあるかもしれない。制御不能な財政赤字は投資家の経済に

関する信頼を削ぐ傾向があるが，緊縮策はそれを回復させることができる。フィンランドやスウェーデンのような国はこの方法で経済を活性化させたと言われている。さらに，政府支出はインフレを助長することがあり，インフレはしばしば景気後退の一因となる。緊縮策はインフレを抑え，それにより景気後退に対抗することができる。

No. 17　解答　**3**

設問の訳　政府の緊縮策の考えられる悪影響の１つは何か。
　1 銀行は貸出を増やさなければならない。
　2 貧しい市民がしばしば政府に抗議する。
　3 より多くの支出が将来必要になるかもしれない。
　4 子供がいる人々は国を離れるかもしれない。

解説　austerity は難しい単語で，一度聞いただけでは理解できないかもしれないが，直後に such as があり具体例が続くので，そこから類推が可能。緊縮策の悪影響は前半に列挙され，その最後に，長期的に見ると，これらの課題を解決するために福祉や医療分野などでの政府の支出が増えると述べている。

No. 18　解答　**2**

設問の訳　フィンランドとスウェーデンで緊縮策はどんな効果があったと言われているか。
　1 実際にはインフレを悪化させた。
　2 投資家の信頼を高めた。
　3 財政赤字を増加させた。
　4 不況を悪化させた。

解説　後半でフィンランドとスウェーデンは「この方法で経済を活性化させた」とある。「この方法」は，その直前に述べられているように，緊縮策によって投資家の経済への信頼を回復させることである。また，後半の内容は緊縮策のよい面を述べているので，肯定的な内容の選択肢が **2** のみであるということもヒントとなる。

語句
□ austerity「緊縮策」　　　　　　□ recession「景気後退」　　　□ bankruptcy「倒産」
□ necessitate「〜を必要とする」　□ down the road「将来は」　□ deficit「赤字」
□ restore「〜を回復させる」　　　□ downturn「景気などの下降［沈滞］」

E スクリプト ★ : *Regrowing Limbs*))088

Although medical science has made great progress in the treatment of serious injuries, regrowing lost limbs has long seemed like an impossible dream. Recently, however, scientists have utilized a new technique that allowed frogs to regrow functional limbs after they had been amputated. Both humans and frogs have what are known as "stem cells." These important cells have the ability to transform themselves into any of the specialized cell types within the body, including bone and muscle. However, when a limb is lost, the body produces scar tissue, and this prevents stem cells from being used to grow a new arm or leg. In the experiment, the researchers put a special covering called a "BioDome" on the places where the frogs' legs had been amputated. This contained a mixture of five drugs, preventing scar tissue from forming. Incredibly, use of the BioDome in the first 24 hours after amputation allowed the frogs to regrow functional limbs.

Although the regrown limbs had muscles and bones, there were sometimes defects, and some parts were incomplete. However, the researchers speculate that utilizing alternative drug combinations could result in limbs without imperfections. The scientists are optimistic that once the treatment has been perfected in frogs, it could someday be applied to humans who have had amputations.

Questions

No. 19 According to the speaker, what allowed the frogs to regrow limbs?

No. 20 What does the speaker imply that scientists will try next?

全訳 手足の再生

医学は重傷の治療で大きな進歩を遂げたが，失われた手足の再生は長い間不可能な夢のように思われてきた。しかし近年，科学者たちは，手足を切断された後に機能する手足をカエルが再生させることを可能にした，新しい技術を利用している。人間にもカエルにも「幹細胞」として知られるものがある。この重要な細胞には，骨と筋肉を含む，体内のいかなる特殊なタイプの細胞にも変化する能力がある。しかし，手足が失われると，体は瘢痕組織を形成し，これが，幹細胞が新しい手足を作るために利用されることを阻止する。実験で研究者は，カエルの足が切断された箇所に「バイオドーム」と呼ばれる特別な覆いをかぶせた。これには5種類の薬が混合されて入っており，瘢痕組織の形成を阻害した。信じられないことに，切断後最初の24時間でバイオドームを使うと，カエルは機能する手足を再生することができた。

再生された手足には筋肉と骨があったが，時には欠損も生じており，中には不完全な部分もあった。しかし，研究者は，別の薬の組み合わせを利用すれば欠損のない手足が得られるかもしれないと推測している。科学者たちは，カエルでこの治療法が完成すれば，いつの日か手足を切断された人間に応用できるかもしれないと楽観視している。

No. 19　解答　**4**

設問の訳　話者によると，カエルの手足の再生を可能にしたものは何か。
　1 バイオドームが改良された。
　2 幹細胞がカエルに注入された。
　3 カエルには独特な筋肉と骨の細胞があった。
　4 傷跡に瘢痕組織が形成されなかった。

解説　手足が切断後に再生しないのは，瘢痕組織が邪魔をするからである。実験ではバイオドームを用いて瘢痕組織の形成を阻止し，手足が再生された。つまり，瘢痕組織が形成されなったことがカエルの手足の再生につながったことになる。

No. 20　解答　**1**

設問の訳　科学者たちは次に何を試すと話者は暗に言っているか。
　1 別の種類の薬を利用すること。
　2 同じ薬を人間に投与すること。
　3 カエルの筋肉と骨を分析すること。
　4 手足が切断される方法を変えること。

解説　後半で実験の問題点として，カエルの手足の再生が不完全なことがあると述べられている。その解決法として科学者たちが考えているのは，バイオドームに用いる薬の組み合わせを変えることである。人間への応用も考えてはいるが，将来カエルが成功した後のことなので，**2** は誤り。

語句
□ limb「手足」　□ amputate「〜を切断する」　□ stem cell「幹細胞」　□ scar「瘢痕，傷跡」
□ defect「欠損」　□ speculate「〜と推測する」　□ imperfection「欠陥」　□ optimistic「楽観的な」
□ perfect「〜を完全なものにする」　　　　　　□ amputation「切断」

F　スクリプト　))) 090

You have 10 seconds to read the situation and Question No. 21.

★：　My company uses a firm called Multi-Protect. It's very effective for preventing intruders from entering the building, although there's no internal security. It's $130 per month. There's also a company called Scott's Security. It includes an outside alarm system and cameras, plus, there are door locks for all the offices that can only be opened using employee fingerprints. That makes it perfect if you have valuables or important documents to safeguard. It runs $170 per month. A company called Elgin Security specializes in internal security, so it would be perfect for protecting valuables and documents. It charges $150 per month. However, you'd also need another company to provide external security as well. Finally, there's Blueline Security. They charge $140 per month, and offer a package that includes both external alarms and cameras, as well as internal measures that would limit access to certain areas to authorized personnel only.

Now mark your answer on your answer sheet.

全訳

　私の会社はマルチプロテクトという企業を利用しています。侵入者が建物に入るのを防ぐ上でかなり効果的ですが，内部セキュリティーがありません。1カ月130ドルです。スコッツ・セキュリティーという会社もあります。外部アラームシステムとカメラが含まれていて，さらに，従業員の指紋を使わないと開錠できないドアロックがすべてのオフィスに付きます。保護すべき貴重品や重要書類があるならぴったりです。1カ月170ドルかかります。エルジン・セキュリティーという会社は内部セキュリティーを専門としているので，貴重品と書類の保護には最適でしょう。費用は1カ月150ドルです。しかし，外部のセキュリティーを提供する別の会社も必要になるでしょう。最後はブルーライン・セキュリティーです。費用は1カ月140ドルで，外部のアラームとカメラの両方，そして，特定のエリアへの立ち入りを許可された職員のみに制限する内部対策のパッケージを提供しています。

No. 21　解答　**4**

状況の訳　あなたの会社は建物全体を守るセキュリティーシステムが必要で，機密文書がオフィスに保管されている。総予算は1カ月当たり150ドル。会社を経営している知り合いがあなたにさまざまなオプションについて話している。

設問の訳　あなたはどの会社を選ぶべきか。
1 マルチプロテクト。

2 スコッツ・セキュリティー。

3 エルジン・セキュリティー。

4 ブルーライン・セキュリティー。

セキュリティー内容のポイントは，外部と内部の両方に対応したサービスである
こと。**1** と **3** は **1** つしか対応できないので，除外される。総予算が毎月 150 ド
ルなので，**2** はオーバーしてしまう。よって正解は **4**。

□ confidential「機密の」　□ acquaintance「知り合い」　□ intruder「侵入者」　□ internal「内部の」
□ safeguard「〜を守る」　□ external「外部の」

G　　スクリプト　　　　　　　　　　　　　　　　))) 091

You have 10 seconds to read the situation and Question No. 22.

★★： Well, I recently donated to the Abercrombie Society. They do amazing
work in providing psychological support to victims of spousal abuse, and their
staff is facing layoffs if they don't receive enough money soon. I also heard
that St. Luke's Hospital is looking for donations. They are raising money for a
new cancer center that specializes in treating kids. It should be noted, though,
that they just received an enormous donation from one of the most affluent
families here in Talbotville. Victoria Hospital is also raising funds for its
infant-care center. I heard that they desperately need funds to make up for a
budget shortfall. Finally, the Rosencrantz Foundation supports disadvantaged
youth. It's a worthy cause, although you should be aware that they receive
huge subsidies from the state government already, so they're likely not as
desperate for funds as some other organizations.

Now mark your answer on your answer sheet.

　そうだな，僕は最近アバークロンビー協会に寄付をしたよ。彼らは配偶者から暴力を受け
た被害者の心理的支援で素晴らしい仕事をしているが，今すぐに十分な寄付がなければス
タッフを一時解雇しなければならない状況になっている。それから，聖ルーク病院が寄付を
募っているとも聞いている。彼らは子供の治療を専門とする新しいがんセンターのために寄
付を集めている。ただ，彼らは最近ここタルボットビルで最も裕福な一家の 1 つから巨額
の寄付を得たばかりだという点を忘れてはならない。ビクトリア病院も幼児ケアセンターの
ための基金を集めている。彼らは予算不足を補うために基金がどうしても必要らしい。最後
だが，ローゼンクランツ財団が恵まれない若者を支援している。立派な目的だが，彼らは州

政府から既に巨額の補助金を得ているので，ほかの組織ほど基金に渇望しているわけではなさそうだということを知っておくべきだ。

No. 22 解答 **3**

状況の訳 あなたは慈善団体に寄付をしたいと思っている。あなたは子供たちを援助したく，最も資金を必要としているところにそのお金を渡したい。友人がいくつかの異なる慈善団体についてあなたに話している。

設問の訳 あなたはどの慈善団体に寄付すべきか。
1 アバークロンビー協会。
2 聖ルーク病院。
3 ビクトリア病院。
4 ローゼンクランツ財団。

解説 条件は子供に関係していることと寄付の必要度が高いこと。**1** は子供関係の団体ではない。**2** は巨額の寄付を，**4** は自治体の補助を受けているので対象外。**3** のビクトリア病院は幼児ケアセンターの基金をどうしても必要としているので，条件に合う。

語句
□ donate「(〜を) 寄付する」　□ charity「慈善団体」　□ spousal「配偶者の」
□ layoff「一時解雇」　□ raise「(寄付など) を募る」　□ specialize in「〜を専門とする」
□ affluent「裕福な」　□ shortfall「不足」　□ disadvantaged「恵まれない」
□ subsidy「補助金」

You have 10 seconds to read the situation and Question No. 23.

★：This is the WJET traffic report. First, we have an update about the traffic delays on roads leading to the airport. At the moment, traffic is still moving at a crawl on Highway 503 eastbound between Belmont and the airport due to a major collision. In the other direction, though, all of the delays seem to have been cleared up, so drivers can expect to make good time if they're heading west on the 503. If you need to avoid Highway 503, you can take Appleby Boulevard, which has only minor delays of about 10 minutes at the most. If you live in the north end, Markham Road is usually a good route to the airport, but it's at a standstill right now due to the ongoing road-widening project. Drivers coming from the south are in for some frustration, I'm afraid. Things are blocked up on both Granton Street and the Pleasant Valley Parkway.

Now mark your answer on your answer sheet.

全訳

　WJET 交通情報です。まずは空港へ向かう道路の遅れに関する最新情報があります。現在，大規模な衝突事故により，ハイウエー 503 号の東行きは，ベルモントと空港の間で今ものろのろ運転となっています。しかし，反対方向は遅れがすべて解消した模様ですので，503 号を西へ向かうドライバーの皆さんは予定より早く到着することが期待できます。ハイウエー 503 号を迂回（うかい）する必要がある場合は，アップルビー大通りが利用可能です。こちらは最大で 10 分程度の小さな遅れしかありません。町の一番北にお住まいなら，空港へはいつもならマーカム道路がよいのですが，道路の拡張工事が続いているため，現在車の流れが止まっています。南からのドライバーの皆さんは残念ながらいらいらすることになるでしょう。グラントン通りとプレザント・バレー・パークウエーはどちらもまったく動いていません。

No. 23　解答　**1**

状況の訳　あなたはベルモント地区に住んでおり，市の西側にある空港にできるだけ早く行きたい。あなたはラジオで交通情報を聞いている。

設問の訳　あなたはどの道路を使うべきか。

1 ハイウエー 503 号。

2 アップルビー大通り。

3 マーカム道路。

4 グラントン通り。

解説　空港は西にあるので，西行きで混雑や通行止めのない道路を選択する。空港へ通

じるハイウエー 503 号は渋滞しているが，これは東行きの話で，「反対方向」(the other direction)，つまり西行きは渋滞が解消され，むしろ予定より早く着く可能性もある。アップルビー大通りも可能だが，こちらは遅れる可能性があるため，ハイウエー 503 号の方がよりよい選択となる。

語句

□ at a crawl「のろのろと」　　　　　□ eastbound「東行きの」
□ make good time「予定より早く進む」　□ standstill「行き詰まり，停止」
□ be in for「（困難など）に直面する，〜を受けることになる」

I **スクリプト**))) 093

You have 10 seconds to read the situation and Question No. 24.

★：　OK, let me show you some different models that we have in stock right now. Our most popular gaming headset is the Omni5000. Omnis are known for their sound quality and are very durable, so they offer a lifetime guarantee. They're regularly $120, but are now on sale for just $85. The SonicBlast XE is just $75. The sound is decent, but according to the frequent complaints we get, they're a bit fragile even for careful users. Sound Pros are more long-lasting, and they're very reasonably priced at just $60. However, the audio quality is inadequate for serious gamers. Finally, the Com Tech XTs are an interesting compromise between price and performance. They're durable and the sound quality is decent enough for serious players. They're also $40 off, so you could take them home for $80 right now.

Now mark your answer on your answer sheet.

全訳

　では，今在庫があるモデルを数種類お見せします。当店で最も人気のゲーム用ヘッドセットはオムニ 5000 です。オムニは音質が優れていることで知られていて，とても長持ちするので，永久保証がついてきます。通常は 120 ドルですが，今ならセールでたった 85 ドルです。ソニックブラスト XE はたった 75 ドルです。音はまあまあですが，頻繁に寄せられる苦情によると，丁寧に扱うユーザーであっても少々壊れやすいです。サウンドプロズはもっと長持ちで，価格はとてもお手ごろでたった 60 ドルです。しかし，音響の質は本格的なゲーマーには不十分です。最後のコムテック XT は，価格と性能に折り合いをつけている点で面白いです。長持ちで，音質は本格的なプレーヤーにとってもまあまあのものです。さらに 40 ドルの値引きなので，今なら 80 ドルでお持ち帰りいただけます。

No. 24 解答 **4**

状況の訳 販売員がゲーム用ヘッドセットをあなたに見せている。あなたは息子のために1
つ買おうとしている。息子は電子機器の扱いが乱暴なことがある。ゲームに適し
た音質が欲しいが，一番安いものを買いたい。

設問の訳 あなたはどのヘッドセットを買うべきか。

1 オムニ 5000。

2 ソニックブラスト XE。

3 サウンドプロズ。

4 コムテック XT。

解説 条件は，息子が乱暴に扱うのである程度丈夫であること，音質がある程度よいこ
と，価格が安いことの3点。**2** は壊れやすく，**3** は音が悪いので候補から外れる。
1 と **4** はいずれも丈夫で音質が満足できる範囲なので，より安い **4** が正解となる。

語句

☐ durable「長持ちする」　☐ decent「そこそこの」　☐ fragile「壊れやすい」

☐ long-lasting「長持ちする」　☐ inadequate「不十分な」

J スクリプト)) 094

You have 10 seconds to read the situation and Question No. 25.

★★ : I imagine you've already heard that our system was accessed by hackers. I have someone drafting an e-mail to all employees instructing them to create new passwords. Eventually, I'm going to ask you to help us create a new password policy, but our first priority is determining the extent of the damage. If you haven't gone through the server to find out if any files have been deleted, please contact Maggie Burns, get copies of the backups from her, and compare them with the current ones. After that, we need to find out if any of our data has been uploaded to hacker sites in case someone is trying to sell it. I'd like you to take care of that. Finally, the company that designed our protection system, Redhawk Security, has been investigating the source of the attacks. Get in touch with them if your investigations turn up anything useful. Now mark your answer on your answer sheet.

全訳

　わが社のシステムがハッカーにアクセスされたということはもう聞き及んでいると思います。新しいパスワードを作るよう全社員に指示するメールの原稿を書いてもらっているところです。最終的には，あなたに新しいパスワードの方針を作成するのを手伝ってもらいたいのですが，最優先なのは損害の度合いを確認することです。もしあなたがまだサーバーをくまなくチェックして消去されているファイルがあるかどうか確認していないなら，マギー・バーンズに連絡を取り，彼女からバックアップのコピーをもらい，今あるものと比較してください。その後は，わが社のデータを誰かが売ろうとしている場合に備えて，データがハッカーのサイトにアップロードされていないかどうか確認する必要があります。あなたにそれを担当してもらいたいのです。最後になりますが，わが社の防御システムを設計したレッドホーク・セキュリティー社が攻撃元を調査しています。あなたの調査で何か役に立つことが見つかったら，彼らに連絡を取ってください。

No. 25 解答 **3**

状況の訳 ハッカーがあなたの会社のコンピューターシステムに侵入した。あなたはファイルが1つも消えていないことを既に確認済みである。あなたの部署の部長からの次のボイスメールを聞く。

設問の訳 あなたは次に何をすべきか。
1 システムのパスワードを変える。
2 マギー・バーンズと連絡を取る。

3 ハッカーのウェブサイトにアクセスする。

4 レッドホーク・セキュリティー社に連絡を取る。

解説 パスワードの変更は全員に求められることになるが，そのメールはまだ来ていないので，次にすべきことではない。あなたは既にファイルを確認済みなので，マギー・バーンズに連絡を取る必要はない。今頼まれていることは，会社のデータがハッカーによってアップロードされているかどうかを確認することなので，ハッカーのサイトを確認することが，次にすべきことである。

語句
□ draft「〜の草稿を書く」　□ eventually「最終的には」　□ determine「〜を突き止める」
□ turn up「〜を発見する」

スクリプト))) 096

This is an interview with Kalisha Baker, an urban planner in the city of Oakville, Wisconsin.

⭐ **Interviewer (I):** Welcome to *Careers in Focus*. Kalisha, thanks for joining us today.

⭐ **Kalisha Baker (K):** It's my pleasure to be here.

I: So, could you tell me a bit about how you got interested in urban planning?

K: Well, to be honest, I got obsessed with a video game called *City Maker 3* when I was a teenager. I was just fascinated by the intricacies of how changing things in one part of the city could have huge effects in other areas, and how tiny things like moving just one road could have a huge impact on the overall traffic flow.

I: Interesting. So, can you tell us about your work now?

K: Well, basically, I make plans and programs for how land in the city will be used. And I deal with things like creating communities as well as improving transportation and facilities in the city.

I: Are there any new trends in urban planning these days?

K: Sure. One is the increased use of data collection. There was a time when a lot of decisions made by urban planners like me were based largely on intuition. And to be honest, although we were well-intentioned, a lot of us were out of touch with the citizens of our communities. That's led to some very serious issues where urban projects decreased the quality of life of the very people they were intended to benefit. For example, highways were built right through the middle of residential neighborhoods. So we've been conducting surveys and getting out in our communities to get a better sense of what their real needs are. My staff and I make a point of showing up at places where people congregate—anything from churches to bingo centers—to get in touch with local citizens.

I: And has technology influenced your work?

K: Very much so. It's made it far easier to measure things like traffic volume and public space usage. We've installed sensors in roads that can determine the speeds at which cars are moving, for example, and this helps us to determine when roads need widening.

I: What are the biggest obstacles that you face as an urban planner?

K: Well, one thing that can be extremely difficult is that major projects—

things like expanding public transportation systems—can take decades to accomplish. In the previous city that I worked for, the mayor focused mainly on the next election, so she tended to be rather shortsighted and just wanted something that would appeal to voters in the upcoming election. And if the mayor gets voted out, their replacement could possibly abandon a project that's been ongoing for years.

I: Yes, that must be tough.

K: Well, as I said, it was in the last city I worked in, but actually Mayor Grayson here in Oakville really understands that we need a vision for the type of community we want Oakville to be farther down the road. Our team has been collaborating with her extremely closely, and it's really paying off. But if you're not on the same page with the mayor, there can be a huge amount of tension.

I: And what kind of projects are you and the mayor working on?

K: There's been a huge demand for more mobility options in town, so we're looking at various solutions, ranging from increasing the number of cycling lanes to adding additional bus routes to a city-sponsored electric scooter service.

I: Those sound very promising. I look forward to hearing more about them another time. Well, we're out of time for today, so thanks for being on the program.

K: Thanks for having me.

Questions

No. 26 What does Kalisha say was a common mistake among urban planners in the past?

No. 27 What is one thing we learn about Mayor Grayson?

全訳

これはウィスコンシン州オークビル市の都市計画家カリシャ・ベイカーとのインタビューです。

インタビュアー（I）：「注目の仕事」へようこそ。カリシャさん，本日はお越しくださり，ありがとうございます。

カリシャ・ベイカー（K）：お招きいただき，ありがとうございます。

I：それでは，あなたがどのようにして都市計画に興味を持つようになったのか，少しお話しいただけますか。

K：そうですね，実を言いますと，私は10代のころ『シティーメーカー3』というゲーム

にはまりました。都市の一部の物事を変化させることがほかの地域にいかに大きな影響を及ぼすことがあるかとか，道路を1つだけ動かすという小さなことがいかに交通の流れ全体に大きな影響を与えることがあるかという複雑さに私はただただ魅了されました。

I：面白いですね。では，現在のお仕事について聞かせてください。

K：そうですね，基本的には，市の土地をどのように使うかという計画と企画を立てています。また，地域づくり，それに市の交通と施設の改善といったことも扱っています。

I：最近の都市計画に何か新しい傾向はありますか。

K：ええ。1つには，データ収集の利用が増えています。かつては，私のような都市計画家の決定の多くが主に直感に基づいているときがありました。それに正直に言って，悪気はなかったのですが，私たちの多くは地域の人たちと接することがなかったのです。その結果，都市計画がまさに恩恵をもたらすはずだった人々の生活の質を，都市計画が下げるという大変深刻な問題につながってきています。例えば，幹線道路が住宅地の真ん中を突っ切って造られました。そこで，地域の本当のニーズをよりよく把握するために，私たちはアンケートを実施したり，地域に出向いたりしています。私とスタッフは，教会からビンゴセンターまで，人が集まる所にはどこでも顔を出し，地域の方々と触れ合うようにしています。

I：それから，テクノロジーはあなたの仕事に影響を与えていますか。

K：かなり影響しています。交通量や公共空間の使用状況のようなものを計測することがかなり楽になりました。例えば，車が動くスピードを確認できるセンサーを道路に設置しました。これは，いつ道路を拡張したらよいのかを決定する上で役立ちます。

I：都市計画家として直面する最も大きな障害は何ですか。

K：そうですね，極めて難しくなり得る1つのことは，公共交通機関の拡張のような大きなプロジェクトは完成までに何十年もかかることがあるということです。以前私が仕事をした市では，市長が主に次の選挙に注力していたため，彼女はどちらかと言えば近視眼的になっており，差し迫った選挙で有権者にアピールしそうなものだけを求めていました。また，市長が落選した場合，もしかしたら，彼女の後任は，何年も続いているプロジェクトを破棄するかもしれません。

I：はい，それはつらいでしょうね。

K：まあ，先ほど申し上げたように，それはこの前に私が仕事をした市でのことです。しかし，実はここオークビルのグレイソン市長は，オークビルが遠い将来にどのような地域社会になってほしいのかというビジョンを私たちが持つ必要があるということを十分に理解しています。私たちのチームは彼女と非常に密接に協力しており，とても成果が出ています。しかし，もし市長と考えが異なれば，緊張がすごく高まる可能性がありますね。

I：では，あなたと市長はどんなプロジェクトを進めていますか。

K：市の移動手段の選択肢を増やしてほしいという要望は大きいです。そこで，私たちは，自転車専用レーンの数を増やしたり，バス路線をさらに増設したり，市が資金を提供する電動キックボードサービスを始めたりといったさまざまな解決策を模索しています。

I：とても期待できそうですね。別の機会にさらにお話をお聞きすることを楽しみにしています。さて，本日はもう時間です。ご出演いただきありがとうございました。
K：お招きいただき，ありがとうございました。

No. 26 解答　**4**

設問の訳 都市計画家が過去によく犯した誤りは何だったとカリシャは言っているか。
1 交通量のデータを無視した。
2 十分な公共空間を作らなかった。
3 直感をどのように利用すべきかわからなかった。
4 地域の人たちに相談せずに決めていた。

解説 4つ目の発言で，カリシャは There was a time when ...「…なときもあった」という表現で過去の都市計画の傾向を述べており，決定が直感でなされていたこと，地域の人々と接しなかったことを問題点として挙げている。交通量や公共空間の話題はテクノロジーのおかげで計測が簡単になった例として出てくるので誤りとなる。

No. 27 解答　**1**

設問の訳 グレイソン市長についてわかることの1つは何か。
1 将来を見据えた計画に興味がある。
2 道路の数を増やそうと計画している。
3 次の選挙で当選しそうだ。
4 進行中のプロジェクトをいくつか差し替えたいと思っている。

解説 2人の市長が登場するが，カリシャは1人を批判し，1人を褒めている。グレイソン市長は後者で，前者は近視眼的で選挙のことしか考えていなかったが，グレイソン市長は vision の大切さがわかっている。これを **1** では future という語を使って言い換えている。

語句
☐ obsessed「取りつかれている」　☐ intricacy「複雑さ」　☐ intuition「直感」
☐ well-intentioned「善意の」　☐ make a point of *do*ing「（努めて）～することにしている」
☐ congregate「集まる」　☐ obstacle「障害物」　☐ shortsighted「近視眼的な」
☐ vote out「～を投票で辞めさせる［落選させる］」　☐ down the road「将来的に」
☐ pay off「（努力などが）効果を上げる」
☐ be on the same page「同じ考えを持つ」　☐ scooter「キックボード」

Listening Test 模擬テスト第2回

There are four parts to this listening test.

Part 1 **Dialogues** : 1 question each / Multiple-choice
Part 2 **Passages** : 2 questions each / Multiple-choice
Part 3 **Real-Life** : 1 question each / Multiple-choice
Part 4 **Interview** : 2 questions / Multiple-choice
*Listen carefully to the instructions.

Part 1

))) 097-107 解答・解説 ▶ p.234

No. 1
  1 Organize a conference.
  2 Give a presentation.
  3 Promote their firm.
  4 Apply for a position.

No. 2
  1 To remind him to clean the windows sometime today.
  2 To ask him to deposit money at the local bank.
  3 To inform him about some home maintenance.
  4 To tell him about a new payment app.

No. 3
  1 A job that she failed to get.
  2 A review made by a customer.
  3 A mistake she made on a project.
  4 A meeting with a supervisor.

No. 4
  1 Pay the bill by credit card.
  2 Complete the required papers.
  3 Contact the moving company.
  4 Withdraw money from the bank.

No. 5	**1**	He takes too long deciding what to buy.
	2	He spends too much money on footwear.
	3	He does not need to replace his boots yet.
	4	He exaggerates how often he goes hiking.

No. 6	**1**	The woman is likely to be promoted very soon.
	2	The man agrees to divide the money with the woman.
	3	The man's wife is worried about how he spends his money.
	4	They disagree about the value of buying lottery tickets.

No. 7	**1**	She understands how her students think.
	2	She uses too much theory in her talks.
	3	She reads her notes instead of speaking naturally.
	4	She takes time to explain new or complex theories.

No. 8	**1**	The man plans to go out on Saturday night.
	2	The woman never listens to music at home.
	3	The man dislikes being in rooms full of people.
	4	The woman is good friends with a dance music DJ.

No. 9	**1**	They should leave the country for a while.
	2	They should make an offer on the house.
	3	They should stay in their current home.
	4	They should keep looking at properties.

No. 10	**1**	Interest in studying foreign languages is an essential factor.
	2	People are more aware that we live in "a small world."
	3	The school needs to offer a wider variety of courses.
	4	The school needs to hire the best language teachers available.

Part 2

))) 108-113 / 解答・解説 ▶ p.246

A *No. 11*
1 Poor communication among members of the armed forces.
2 The inability to recruit enough German officers during World War I.
3 A serious lack of supplies given to troops on the battlefield.
4 A lack of members in the royal family with military training.

No. 12
1 Each city follows international rules.
2 Speakers of its main languages have their own communities.
3 Federal language laws do not apply to local places.
4 Most Swiss learn multiple languages very quickly.

B *No. 13*
1 It is typically unnecessary for most patient treatments.
2 It ordinarily requires separate tubes of blood for each test.
3 It is frequently rejected by doctors because of damaged samples.
4 It sometimes needs to undergo a special AI analysis.

No. 14
1 She had used illegal methods to test blood.
2 She had failed to share company profits with investors.
3 She had exposed facts that investigators wanted kept quiet.
4 She had made claims to the public that were untrue.

No. 15   **1**   They can help design educational headsets.
　　　　　2   They can create customized materials.
　　　　　3   They can become smarter through more data.
　　　　　4   They can make students use more self-control.

　　　　No. 16   **1**   AI needs to be used much less in neuroscientist programs.
　　　　　2   IQ is important in China, but EQ is valued in the United States.
　　　　　3   There is not enough evidence to prove some educational claims.
　　　　　4   Any type of intelligence has much less impact than is generally believed.

D   *No. 17*   **1**   It has minimal impact on the natural world.
　　　　　2   It does not need any machinery to make electricity.
　　　　　3   It is the cheapest energy source available.
　　　　　4   It can enhance ordinary hydroelectric power.

　　　　No. 18   **1**   The need to always have water close by.
　　　　　2   The requirement to build very large facilities.
　　　　　3   The potential exhaustion of the resources in an area.
　　　　　4   The small size of the steam-releasing vents in the earth.

E   *No. 19*   **1**   It pushes the states to help one another.
　　　　　2   It copies the systems popular in other countries.
　　　　　3   It is designed to have things done at a local level.
　　　　　4   It centralizes major functions such as education.

　　　　No. 20   **1**   The need to pay for a large and growing homeless population.
　　　　　2   State governments changing the tax rates for companies.
　　　　　3   The national government's lack of control over its own federal funds.
　　　　　4   The original vision of the founders of the United States.

Part 3

))) 114-119 解答・解説 ▶ p.256

F *No. 21* ***Situation:*** You are a resident of Japan and are now at Heathrow Airport, London, waiting to check in for your return journey to Japan. You have to find a place to stay if the flight is canceled. You hear the following announcement.

Question: What should you do now?

1 Phone the special hotline number.
2 Talk to the staff at your airline.
3 Get a refund for your ticket.
4 Ask to be booked on another flight.

G *No. 22* ***Situation:*** You are an international student looking for a campus job, preferably in food service. You have no experience working in a restaurant. A student representative explains the application process.

Question: What should you do first?

1 Go to Room 220.
2 Attend an event on Friday.
3 Make an appointment for an interview.
4 Go to the International Student Center.

H *No. 23* ***Situation:*** You want to continue beyond your completed basic IT courses into some intermediate ones. You can spend up to $200 monthly and are available Tuesdays through Fridays. You hear the following talk from a counselor.

Question: Which program should you join?

1 Tech 1.
2 Tech 2.
3 Tech 3.
4 Tech 4.

I **No. 24** **Situation:** You want to rent an apartment and can pay up to $3,000 per month. You want a place that will accept your very big dog. A real estate agent tells you the following.

Question: Which apartment should you choose?

1 Top Tower.
2 Happy Garden.
3 Maple Homes.
4 Ashton Court.

J **No. 25** **Situation:** You are a Hartford soccer team fan and have a ticket to see the game this afternoon. You listen to the radio and hear this report.

Question: What should you do?

1 Go to the stadium as planned.
2 Check the club's website for more details.
3 Call the hotline for an update.
4 Listen to the sports news at 12:15.

Part 4

)) 120-121 / 解答・解説 ▶ p.264

No. 26 **1** Its ties to designing cells that survive in various environments.
2 Its breakthroughs in regrowing missing body parts.
3 Its persistence in using science to understand human growth.
4 Its willingness to welcome foreign students as special interns.

No. 27 **1** She had difficulties with the lab equipment.
2 She needed to study late all the time to keep up.
3 She had to deal with a different work culture.
4 She found it hard to avoid mistakes.

模擬テスト第2回 解答一覧

問題番号			解答	問題タイプ・テーマ
Part 1		No. 1	3	To do
		No. 2	3	Why/Problem
		No. 3	4	Why/Problem
		No. 4	2	Why/Problem
		No. 5	1	Think/Say
		No. 6	4	Learn
		No. 7	2	Think/Say
		No. 8	3	Learn
		No. 9	4	Think/Say
		No. 10	1	Imply
Part 2	A	No. 11	1	社会・教育
		No. 12	2	
	B	No. 13	2	医療・テクノロジー
		No. 14	4	
	C	No. 15	2	社会・教育
		No. 16	3	
	D	No. 17	1	自然・環境
		No. 18	3	
	E	No. 19	3	政治・経済
		No. 20	2	
Part 3	F	No. 21	2	グループに向けた説明
	G	No. 22	2	個人に向けた説明
	H	No. 23	2	個人に向けた説明
	I	No. 24	4	個人に向けた説明
	J	No. 25	4	ラジオ
Part 4		No. 26	2	―
		No. 27	3	

No. 1 解答 **3** ┃スクリプト・全訳┃))) 098

★： Harriet, there's a manufacturing conference starting this Friday and we'd like your team to represent our company.

☆： Would any of us have to give presentations? I'm not sure if we could put something together so quickly.

★： Don't worry, you wouldn't have to do that. We just need your group to chat with attendees and provide them a few details on our production capabilities.

☆： Sounds simple enough. We could also follow up on any sales leads.

★： Good idea. Of course, all travel and accommodation costs would be covered. And you'd receive $75 extra in compensation for living expenses for each day of the trip. So, can we count on you?

☆： Absolutely.

Question: What does the man want the woman to do?

★： ハリエット，今週の金曜日から製造業界の会議があるんだけど，君のチームにわが社を代表して出てほしいんだ。

☆： 私たちの誰かがプレゼンをしないといけないの？　そんなにすぐに何かをまとめられるかどうかわからないわ。

★： 大丈夫，その必要はないよ。君のグループには，出席者と軽い話をして，わが社の生産力について少し詳しく教えてあげてほしいだけだ。

☆： 簡単そうね。見込み客がいたらそれについても詳しく調べられるかもしれない。

★： いい考えだ。もちろん交通費と宿泊代はすべて出すよ。それに，出張中は毎日，生活補助費として1日につき75ドルが追加で支給される。じゃあ，期待していいかな？

☆： もちろんよ。

質問：男性は女性に何をしてほしいか。

┃選択肢の訳┃ **1** 会議を企画してほしい。
2 プレゼンをしてほしい。
3 彼らの会社の販売促進をしてほしい。
4 ある地位に応募してほしい。

┃解説┃ conference は大きな会議。女性はその企画ではなく出席を求められており，プレゼンは必要ないと男性がはっきり言っているので，**1** と **2** は誤り。男性が求めているのは，会社の生産力について出席者と気軽に話す（chat）ことで，これが会社の販売促進（Promote）につながると考えられる。follow up on「～について詳しく調べる」，sales lead「見込み客」。

★ : Hello? It's me, darling. Listen, I forgot to mention that a crew is coming to the house to clean the windows this afternoon.

★ : It's a good thing that you told me. I hadn't bargained on a group of strangers bothering my afternoon nap.

★ : Well, yes, sorry about that. Anyway, when they've finished, take a look at their work. If it's OK, go ahead and pay them. You can use any bank app to do that.

★ : OK, no problem. After they're gone, I'll send you a text message.

★ : Sounds good—oh, and if you think their work isn't good enough, hold off on the payment. Call me instead and we'll discuss the situation.

★ : That's exactly what I'll do. Let's keep in touch.

Question: Why does the woman call the man?

★ : もしもし，私よ。ねえ，言うのを忘れてたけど，今日の午後，窓掃除の人たちが家に来るの。

★ : 言ってくれてよかった。知らない人が集団で来て昼寝の邪魔をされるなんて，思ってもいなかったよ。

★ : えーと，そうなの，ごめんなさいね。とにかく，窓掃除が終わったら，仕上がりを見てちょうだい。大丈夫なら，そのまま支払って。銀行のアプリならどれを使ってもいいわ。

★ : 了解，大丈夫だよ。彼らが帰ったら，携帯にメールを送るよ。

★ : 大丈夫そうね。あー，もし仕上がりが不十分だと思ったら，支払いは待って。代わりに私に電話をして。どういう具合なのか詳しく話しましょう。

★ : そのとおりにするよ。連絡を取り合おう。

質問：女性はなぜ男性に電話しているのか。

選択肢の訳　**1** 今日のいつか窓を掃除するよう彼に念を押すため。
2 地元の銀行にお金を預けるよう彼に頼むため。
3 家のメンテナンスについて彼に知らせるため。
4 新しい支払いアプリについて彼に話すため。

解説　女性は初めに「～と言うのを忘れていた」と述べており，それが彼女の伝えたかったこと。具体的には窓の掃除業者が来るという内容だが，それを選択肢では「家のメンテナンス」というやや抽象的な表現に言い換えている点に注意。bargain on「～を予期する」。

No. 3　解答　4　スクリプト・全訳　))) 100

★★：Is everything OK, Olivia? You look a bit upset.

★：That's because I just had my performance review with Mr. Turner, and it was terrible.

★★：Honestly, he can't differentiate between small mistakes and big failures. He also doesn't know how to give constructive feedback.

★：I wouldn't mind if it were just the oral review, but his written comments will stay on my employee record. I work hard here, but nothing pays off.

★★：Don't take it personally. Everyone knows what he's like.

★：Yes, but I'm just tired of him. I really have to start looking for another job.

Question: What is the woman upset about?

★★：オリビア，順調かい？　少し怒っているようだけど。

★：ターナーさんとの勤務評定面談が終わったところで，ひどかったからよ。

★★：はっきり言って，彼は小さなミスと大きな失敗の区別ができないよ。それに，建設的なフィードバックの仕方を知らないね。

★：口頭での評価だけだったら気にしないんだけど，彼が書面に書いたコメントは私の従業員記録に残るのよ。この会社で一生懸命働いているのに，全然割に合わないわ。

★★：君を狙い撃ちしていると考えちゃ駄目だ。彼がどんな人か，みんなわかっているよ。

★：ええ，でも彼にはとにかくうんざりだわ。本当に別の仕事を探し始めないと。

質問： 女性は何に怒っているのか。

選択肢の訳　**1** 彼女が得られなかった仕事。
　　　　　　2 顧客による評価。
　　　　　　3 プロジェクトでの彼女のミス。
　　　　　　4 上司とのミーティング。

解説　女性の最初の発言に because があり，ここではその直後の内容が解答につながる。ターナーさんとの勤務評定面談がひどかったと言っているので，ターナーさんは上司であることがわかる。面談を meeting と言い換えた **4** が正解。pay off「割に合う」。

No. 4 解答 ② **スクリプト・全訳**　　　　　　　　　　　　))) 101

★ : Emily, there seems to be a problem with the payment for the office move. We were supposed to be billed later, but now the moving company is saying that the full amount has to be paid in cash. Is this some sort of misunderstanding?

★★ : Well, Jim, did you fill out the necessary paperwork I left on your desk? It has to be filled out and submitted if we choose to be billed at a later date.

★ : Oh no. I totally forgot. Can I fill it out now and get you to send it to the moving company?

★★ : That should be fine, but I'll have to check with them to verify.

★ : Thanks. If it isn't, then maybe they accept credit cards.

★★ : I've already checked. It's either cash upfront or a bank transfer at a later date.

Question: What did the man forget to do?

★ : エミリー，事務所の引っ越し費用の支払いの件で，トラブルみたいなんだ。後で請求してもらうことになっていたはずだけど，引っ越し会社は今，全額を現金で払わないといけないと言ってるよ。これは何かの誤解かな？

★★ : ねえ，ジム，私があなたの机の上に置いておいた必要書類に記入してくれた？　後日請求してもらうには，あれに記入して提出しなければならないのよ。

★ : うわあ。すっかり忘れてた。今すぐ記入して，君に引っ越し会社に送ってもらってもいいかな？

★★ : おそらく大丈夫だけど，確認のため，彼らに聞いてみないといけないわ。

★ : ありがとう。もし駄目なら，もしかしたらクレジットカードが使えるかもしれない。

★★ : もう確認してあるわ。現金前払いか後日銀行からの送金かのどちらかよ。

質問：男性がやり忘れたことは何か。

選択肢の訳 **1** 代金をクレジットカードで支払う。
2 必要書類に記入する。
3 引っ越し会社に連絡する。
4 銀行からお金を下ろす。

解説 女性の最初の発言にある質問に対して男性が I totally forgot. と言っており，その内容が答えである。請求を引っ越し後にしてもらうには書類に記入する必要があるが，男性は忘れていたので，正解は **2**。upfront「前払いで」。

No. 5 解答 **1** **スクリプト・全訳**)) 102

★: Emma, come look at this image. How do these boots stack up against the others?

☆: You've been poring over these for hours, Danny. Just choose a pair and buy them.

★: Sorry, but I don't want to waste money on something that will wear out quickly.

☆: Well, those at the top right of the web page look fine to me.

★: You barely even glanced at them. Remember, these boots will have to get me through all kinds of weather.

☆: This is taking forever, as usual. Why don't you just pick a pair based on customer feedback?

★: That's a great idea! I'll start looking at the reviews.

Question: What does the woman think about the man?

★: エマ，この画像を見に来てよ。このブーツ，ほかと比べてどうかな？

☆: ダニー，あなた，ブーツを何時間も穴が開くほど眺めているわね。さっさと1足選んで買いなさいよ。

★: ごめん，でも，すぐにすり減ってしまうものにお金を無駄遣いしたくないんだ。

☆: えーと，そのウェブページの右上のブーツがよさそうに見えるわ。

★: ろくに見てもいないじゃないか。いいかい，僕はどんな天候でもこのブーツで乗り切らないといけないんだよ。

☆: これはいつまでたっても終わらないわね，いつものことだけど。購入者の評価で選べばいいじゃない。

★: いい考えだ！ 今からレビューを見始めるよ。

質問： 女性は男性のことをどう思っているか。

選択肢の訳 **1** 何を買うのかを決めるのに時間をかけ過ぎる。
2 靴類にお金を使い過ぎている。
3 まだブーツを取り換えなくてよい。
4 ハイキングに行く頻度を誇張している。

解説 男性がブーツを買うという場面。靴店での会話ではなく，ウェブサイトを見ながら買い物をしていることが image や web page などからわかる。女性の pore over「〜をじっくり調べる」や for hours から男性のブーツ選びに時間がかかっていること，This is taking forever, as usual. からこれがいつものことだとわかる。stack up against「〜と比べられる」。

No. 6 解答 **4** 　スクリプト・全訳　　　　　　　　　　　　　ㄲ))**103**

★ : Hi, Kaori. Did you know the draw for the big state lottery is on Sunday? The jackpot is now up to 50 million dollars.

★ : Oh, not again! Does your wife know about your obsession?

★ : Well, then remember, if I do win, I won't be sharing with anyone who's so pessimistic.

★ : Pessimistic? More like realistic. I mean, the chances of me winning 50 million bucks are about the same as me becoming the president of this company.

★ : I think that just shows you are pessimistic. And, by the way, my wife actually asked me to pick up some tickets for her, too.

★ : I give up!

Question: What do we learn about these people?

★ : やあ，カオリ，州営の高額宝くじの抽選が日曜日にあるって知ってた？　賞金は今，最高で 5,000 万ドルだよ。

★ : ああ，もうやめてよ！　奥さんはあなたが取りつかれていることを知ってるの？

★ : あー，じゃあ覚えておきなよ，もし当選しても，そんなに悲観的な人には分けてあげないからね。

★ : 悲観的？　むしろ現実的よ。だって，私が 5,000 万ドル当てる確率は，私がこの会社の社長になるのと同じくらいだわ。

★ : それが悲観的ってことだと思うね。ちなみに，実は妻にも少し券を買ってきてほしいって頼まれているんだ。

★ : もういいわ！

質問： この人たちについてわかることは何か。

選択肢の訳 **1** 女性はかなり近いうちに昇進しそうだ。
2 男性はお金を女性と分けることに同意している。
3 男性の妻は彼のお金の使い方を心配している。
4 宝くじを買うことの価値について彼らの意見は一致していない。

解説 男女はずっと lottery の話をしている。一方，not again，obsession，realistic といった語句からわかるように，男性の熱意に対して女性は一貫して否定的であり，宝くじへの考え方で意見が一致していないことがわかる。男性の妻は購入を頼んでおり，反対していないことがわかるので，**3** は誤り。

No. 7 解答 **2** スクリプト・全訳))) 104

★★： I didn't understand much of Professor Kang's computer class today. Did you?

★： I understood what she was saying in the first part, but then got lost in all that theory during the second. I wish she'd have spoken more clearly, with more examples.

★★： I feel the same way. She just chugs along talking about so many complex ideas. I think she sometimes forgets that we're students, not scientists.

★： I suppose most professors are not trained teachers.

★★： You might be right. They're experts in their subjects, but sometimes they can't explain things well.

Question: What do the man and woman say about their professor?

★★： 今日のカン教授のコンピューターの授業の大半はわからなかったよ。君はわかった？

★： 前半で彼女が言っていたことはわかったけど，後半で出てきたあの理論のところ全部でわからなくなってしまったわ。もっとわかりやすく，もっと例を出して話してくれたらよかったのにね。

★★： 同感だよ。彼女はすごくたくさんの複雑な考えについて話しながら，ひたすら先に進んで行くからね。僕らは科学者じゃなくて学生だっていうことを時々忘れていると思うよ。

★： ほとんどの教授は教師としての訓練を受けていないんでしょうね。

★★： 君の言うとおりかもね。彼らはそれぞれの分野の専門家だけど，物事をうまく説明できないことがある。

質問：男性と女性は教授について何と言っているか。

選択肢の訳 **1** 彼女は学生がどのように考えるかをわかっている。
2 彼女は話の中で理論を用い過ぎる。
3 彼女はメモを読んでおり，自然に話していない。
4 彼女は新しい理論や複雑な理論の説明に時間をかける。

解説 講義後の会話で，2人は教授の話がわかりにくかったと批判している。chug は機関車の「シュッシュ」という音で，会話の chug along は「（止まらずに）どんどん先に進む」という比喩的な意味で使われている。男性の so many complex ideas から，教授が理論について話し過ぎることがわかる。どんどん先に進むのだから，**4** の「時間をかける」は誤り。

☆☆：　Hi, Greg! I'm glad I've caught you. Are you doing anything on Saturday night?

★：　Well, I don't think I have anything planned. Why do you ask?

☆☆：　You said you liked dance music, didn't you? There's a great DJ playing at the Fire Mix Club this weekend.

★：　I'm sorry, but crowds in small places stress me out. I think you'd better ask someone like Ross or Yuko to go instead.

☆☆：　I'll do that, but are you going to stay cooped up at home?

★：　Probably, but … well … I just don't like going out to packed venues.

☆☆：　I get it. But if you change your mind, you're still welcome to join us.

Question: What do we learn from this conversation?

☆☆：　こんにちは，グレッグ！　会えてよかった。土曜の夜は何か予定が入っている？

★：　えーと，計画していることは何もないかな。どうして聞くの？

☆☆：　ダンス音楽が好きって言ってたわよね。今週末にファイアーミックスクラブですごい DJ がプレーするよ。

★：　残念だけど，狭くて人の多い所ではストレスを感じるんだ。代わりにロスやユウコのような人を誘うのがいいと思うよ。

☆☆：　そうするわ。でも，あなたは家に閉じこもっているつもり？

★：　たぶんそうだけど……うーん……僕は人でぎゅうぎゅうの会場に出かけるのが好きじゃないんだよ。

☆☆：　わかったわ。でも，気が変わったらいつでも一緒に来ていいのよ。

質問： この会話から何がわかるか。

選択肢の訳　**1** 男性は土曜日の夜に外出する予定だ。
2 女性は家では絶対に音楽を聞かない。
3 男性は人でいっぱいの部屋にいるのが嫌いだ。
4 女性はダンス音楽の DJ と仲がいい。

解説　女性からの誘いに対し，男性は「狭くて人の多い所ではストレスを感じる」「人でぎゅうぎゅうの（packed）会場に出かけるのが好きじゃない」と述べている。選択肢 **3** がその内容を表現を変えて伝えている。cooped up「狭い所に閉じ込められて」。

Chapter 6　模擬テスト第 2 回　解答・解説

No. 9 解答 **4** **スクリプト・全訳**))) 106

★： Fiona, we need to decide whether to make an offer on that house.

★： I know, but there are too many things to factor in. I get exhausted just thinking about them.

★： But we can't put it off any longer. Are you having second thoughts about moving?

★： Not at all. The kids have gotten too big to share a room, so it's obvious we have to make a change. The question is whether that house is the right one for us.

★： We could get something in a more upscale location, but not at such a low price.

★： I understand, but I think we should hold out for somewhere closer to the kids' school.

★： You're probably right, but there are other options.

★： Such as?

★： We've always talked about spending some time overseas. Could now be the time?

★： Jason, that's not practical. Think of the kids' education. We'll probably have to save that plan for our retirement.

Question: What is the woman's opinion?

★： フィオナ，あの家の購入を申し込むかどうか決めないといけないね。

★： わかってるけど，考慮すべきことが多過ぎるの。考えるだけでどっと疲れるわ。

★： でも，もうこれ以上先に延ばせないよ。引っ越しを考え直しているのかい？

★： そんなことは全然ないわ。子供たちも大きくなって1つの部屋を共有はできないから，変えなければならないのは明らかよ。問題は，あの家が私たちに合っているかどうか。

★： もっと高級な場所でどこか買うこともできるけど，あんなに安い価格では無理だ。

★： わかるけど，妥協せずに子供たちの学校にもっと近い場所を探すべきだと思う。

★： たぶんそのとおりなんだろうけど，ほかにも選択肢はあるよ。

★： 例えば？

★： 僕たちは海外でしばらく暮らすことをずっと話してきた。今がその時かもしれないよね？

★： ジェイソン，それは現実的ではないわ。子供たちの教育のことを考えてよ。たぶんその計画は私たちの老後に取っておくべきよ。

質問：女性の意見は何か。

1 しばらく国を離れるべきだ。

2 その家の購入を申し込むべきだ。

3 今の家に留まるべきだ。

4 物件を探し続けるべきだ。

解説　女性は引っ越すことには同意しているが，現在の候補には二の足を踏んでいる。また，海外への移住には反対している。hold out for「〜を求めて粘る，〜を要求して譲らない」という表現から，女性はこれからも探し続けようと考えていることがわかる。factor in「〜を考慮する」，upscale「高級な」。

No. 10 解答 **1** 　スクリプト・全訳　　　　　))) 107

★： OK everyone, student numbers have dropped dramatically over last term and we need to reverse this trend quickly. Any suggestions?

★： We're not the only language school losing numbers, Nick. This is an industry trend.

★： So, Rebecca, you're saying that the situation's hopeless?

★： Of course not, Nick! The point is, it's not our school in particular that's losing its appeal, but foreign language study itself. You know, people are reluctant to go abroad right now with the recession.

★： Yes. What's to be done, then, Andrea?

★★： We could focus our promotion on the importance of foreign language acquisition—"It's a Small World," and all that. Actually, we can talk to people anywhere in the world via the Internet.

★： In addition, we need to advertise the school's unique features. I mean, how many language schools can offer tour guiding courses? Not to mention our highly qualified teachers!

★★： Unfortunately, we're not the *only* school with special courses and excellent teachers. Besides, there's no point in having the best teachers if we have no students for them to teach.

★： I agree. It seems we need to make strategies based on your opinion.

Question: What does Andrea imply?

★： さて，みんな，先学期で生徒数が急激に減少したわけで，この傾向を早急にひっくり返さなければならない。何か案はある？

★： 生徒数が減っている語学学校はうちだけではないわ，ニック。業界全体の傾向よ。

★： つまり，レベッカ，この状況は手の打ちようがないということ？

★： もちろんそんなことはないわ，ニック！　つまりね，私たちの学校だけが特に魅力を失いつつあるのではなくて，外国語学習自体がそうなのよ。ほら，今は不況でみんな外国へ行きたくないの。

★： そうだね。じゃあどうすればいいかな，アンドレア？

★★： 宣伝活動を外国語習得の重要性に絞ったらどうかな。「世界は小さい」とかそんなふうにね。実際，インターネットで世界中のどこの人とだって話せるんだから。

★： それに加えて，学校独自の特徴も宣伝する必要があるわ。つまり，ツアーガイドのためのコースを提供できる語学学校なんていくつあるかってこと。もちろん，うちの質の高い教員もね！

★★： 残念だけど，特別なコースがあって優秀な教員がいるのはうちだけじゃないわ。そ

れに，教える生徒がいなくては，最高の教員がいても意味がないわ。

★： そう思う。君の意見に基づいて戦略を立てる必要がありそうだね。

質問：アンドレアは暗に何と言っているか。

選択肢の訳　**1** 外国語学習に対する興味が非常に重要な要素である。

　　　　2 私たちが「小さな世界」に住んでいるということに人々は以前よりも気が付いている。

　　　　3 学校がもっといろいろな種類のコースを提供する必要がある。

　　　　4 学校が可能な限り最高の語学教師を雇う必要がある。

解説　この会話では，男性は意見を求めるだけで自分の意見を言っていないが，2人の女性それぞれの主張を整理しながら聞く必要がある。アンドレア（2人目の女性）は，不況で外国に行けなくてもインターネットで誰とでも話せることもあり，外国語の習得は重要だと指摘しているので，正解は**1**。

スクリプト ★★ : *Nations and Multilingualism*))) 109

Multilingualism is a challenge for some nations, big or small. Ethnic groups are naturally protective of their own languages, and sometimes do not want to learn others. For instance, Austria-Hungary, which emerged in 1867, encompassed a wide range of people and languages. German was the sole official language, while Hungarian was an unofficial second one. Ruling cliques spoke German or Hungarian. As a general rule, non-German or non-Hungarian groups could not freely use their languages or move up in the social ladder. When World War I came, ordinary soldiers often could not even understand their German or Hungarian officers. This miscommunication led to inevitable defeat and the breakup of the empire.

Switzerland, which is also multilingual, became a country a few decades before Austria-Hungary. It also has several official languages: French, German, Italian, and Romansh. German is spoken by 63% of the populace, but the biggest Swiss cities are multilingual. Federal laws are in French, but also translated into all official languages. The population of each Swiss canton—or state—mainly has speakers of one official language. As a resulting benefit, each official language has a "home," where most people speak that language. Moreover, the Swiss are quite patriotic. While differences in language and culture have often been the cause of conflict, they have become a source of strength in Switzerland.

Questions

No. 11　What reason does the speaker give for the decline of Austria-Hungary?
No. 12　What is one feature of Switzerland?

全訳 国家と多言語使用

　多言語使用は，国の大小にかかわらず，いくつかの国にとって課題となっている。各民族は当然自分たちの言語を守ろうとし，時にはほかの言語を学ぼうとしない。例えば，1867年に誕生したオーストリア＝ハンガリーはさまざまな人々と言語を包含していた。ドイツ語が唯一の公用語で，一方，ハンガリー語は非公式の第二言語であった。支配者層はドイツ語またはハンガリー語を話した。原則として，ドイツ人とハンガリー人以外の集団は自分たちの言語を自由に使うことはできず，社会での階級が上がる可能性はなかった。第1次世界大戦が始まったときに，一般兵士はドイツ人あるいはハンガリー人の将校の言うことをしばしば理解することすらできなかった。このようなコミュニケーション不足が，必然的な敗北と帝国の解体につながった。

同様に多言語国家であるスイスは，オーストリア＝ハンガリーより数十年前に国となった。スイスも公用語が複数ある。フランス語，ドイツ語，イタリア語，ロマンシュ語である。人口の 63％ がドイツ語を話すが，スイスの大都市は多言語である。連邦法はフランス語で書かれているが，すべての公用語に翻訳されてもいる。スイスの各カントン（州）は主に 1 つの公用語を話す人々で構成されている。その結果，各公用語には，ほとんどの人がその言語を話す「ホーム」があるという利点がある。さらに，スイス人はとても愛国的である。言語と文化の違いが衝突の原因となることがしばしばあるが，スイスでは，それが強さの源となっている。

No. 11　解答　**1**

設問の訳　オーストリア＝ハンガリーが衰退した理由として話者は何を挙げているか。
　1 軍隊のメンバー間のコミュニケーションの悪さ。
　2 第 1 次世界大戦時に十分な数のドイツ人将校を採用できなかったこと。
　3 戦場の軍隊に支給される物資の深刻な不足。
　4 軍隊で訓練を受けた王族メンバーの不足。

解説　前半ではオーストリア＝ハンガリーについて，ドイツ人とハンガリー人以外は自分たちの言語を自由に使えなかったこと，兵士が将校の言葉を理解できなかったことが説明されている。最終文では，そのコミュニケーション不足（miscommunication）が敗戦と国家の解体につながったと述べている。よって正解は **1**。

No. 12　解答　**2**

設問の訳　スイスの特徴の 1 つは何か。
　1 各都市が国際法に従っている。
　2 主要言語の話者には自分たちのコミュニティーがある。
　3 連邦の言語法は地方には適用されない。
　4 ほとんどのスイス人は複数の言語をとても速く習得する。

解説　後半でスイスの特徴が語られている。主な特徴は，公用語が 4 つあること，どの言語も平等に扱われていること，各言語にはその言語を話す人が多く集まる地域があることなどが述べられている。この最後の特徴を言い換えると **2** の内容になる。

語句
□ multilingualism「多言語使用」　□ encompass「～を包含する」　□ clique「派閥」
□ populace「住民，大衆」　　　　□ patriotic「愛国心の強い」

B スクリプト ★★ : *A Blood Test Revolution?*))) 110

Blood tests are critical for patient care. Through these diagnostic tests, doctors can see whether patients have an infection or disease, as well as make overall health assessments. However, typically, one tube of blood must be drawn as a sample for each condition to be tested for. As a result, a patient being tested for several possible conditions needs as many samples of blood drawn. This is time-consuming and sometimes uncomfortable for the patient. Also, with a large volume of tubes, a few inevitably get damaged or lost. It would be ideal if an AI-based system were devised that could test for multiple medical conditions at once from a single sample.

One firm named Theranos claimed that it was able to do all of this and more. Founded in 2003 by Elizabeth Holmes, it had attracted billions of dollars in investment by 2015 and turned Holmes into an audacious young icon, similar to Steve Jobs or Mark Zuckerberg. It was in this same year, though, that investigations showed that Theranos's equipment simply did not work. Moreover, the firm had hidden this fact from investors, customers, and the wider world. By 2022, Holmes had been convicted of fraud and Theranos's operations shut down. Still, many corporations and scientists remain focused on the challenge of blood testing, hoping to one day do what Theranos had claimed it could.

Questions

No. 13 What is true about blood testing?

No. 14 What is one reason that Elizabeth Holmes was charged with a crime?

全訳 血液検査革命？

　血液検査は患者のケアに必要不可欠だ。診断を下すためのこうした検査を通じて，医師は，患者が感染症や病気にかかっているかどうかがわかるだけでなく，全体的な健康状況を評価することもできる。しかし，一般的に，検査する疾患ごとにチューブ1本分の血液がサンプルとして採取される必要がある。その結果，考え得る複数の疾患の検査を受ける患者は，同じ数の血液サンプルを採取する必要がある。これは時間がかかるし，患者は不快に感じることもある。また，チューブが多量になれば，いくつかが損傷したり紛失されたりすることは避けられない。1つのサンプルから複数の病状の検査を一度にできるAIベースのシステムが考案されれば理想的だろう。

　セラノスというある企業が，自分たちはこれらすべてとさらにそれ以上のことをできると主張した。エリザベス・ホームズが2003年に設立したこの企業は2015年までに数十億ド

ルの投資を集めており，ホームズはスティーブ・ジョブズやマーク・ザッカーバーグのような大胆な若きアイコンとなっていた。しかし，その同じ年に，セラノスの機器がまったく機能しないことが調査によって明らかになった。さらに，その企業はこの事実を投資家，顧客，さらに広く世間から隠していた。2022 年までにホームズは詐欺罪で有罪判決を受け，セラノスの事業は停止した。それでも，今でも多くの企業と科学者が血液検査という難題に注力しており，セラノスが可能だと主張したことをいつか実現したいと願っている。

No. 13 解答 **2**

設問の訳 血液検査について正しいことは何か。
1 一般的に，ほとんどの患者の治療に不要だ。
2 通常，検査ごとに別々の血液チューブが必要だ。
3 サンプルの損傷により医師が拒絶することが頻繁にある。
4 特別な AI 分析が必要になることがある。

解説 前半の内容は，検査ごとに採血が必要となり，それが患者にとって不快であったり，損傷や紛失につながったりするということが中心なので，**2** が正解となる。1 つで済む AI ベースの検査ができれば理想的だと述べているが，AI 分析が必要だとは言っていないので，**4** は誤り。

No. 14 解答 **4**

設問の訳 エリザベス・ホームズが罪に問われた理由の 1 つは何か。
1 血液検査に違法な方法を使った。
2 会社の利益を投資家と共有しなかった。
3 調査官が隠しておきたかった事実を暴露した。
4 世間に対して事実ではない主張をした。

解説 エリザベス・ホームズは 1 つの血液サンプルで複数の検査が可能だと述べていたが，実際にはそれは不可能であり，また彼女はそれを投資家や顧客，世間から隠していた。この内容に合致するのは **4** である。

語句
□ diagnostic「診断の」　□ infection「感染症」　□ assessment「評価，査定」
□ audacious「大胆な」　□ convict *A* of *B*「A に B という罪の判決を下す」
□ fraud「詐欺」

C スクリプト ★ : *Better than Teachers?*))) 111

Artificial intelligence is becoming a revolutionary part of education in some countries. In China, some of the newer AI technologies are in student headsets. The headsets analyze brainwaves and then signal to teachers about whether a child is paying attention or not in class, or is feeling happy or frustrated. Similar systems exist in some US schools, where AI can even report student moods. Teachers who participate in these programs are supposed to analyze this data and then adjust their teaching methods as necessary. More autonomous AI systems can set distinct materials for each student, automatically updating content and teaching approaches. Uniquely, "AI teachers" do not get tired or require salaries.

At the same time, skeptics say that claims that AI can truly improve student performance are not supported by neuroscientists' research. Furthermore, AI doubters feel that robots cannot teach children core social skills, especially Emotional Intelligence Quotient, or EQ. These skills—such as patience or empathy—are taught not only through words and books, but through body language, imagery, and even touch and smell. One Google study strongly correlated EQ—not IQ—with professional and social success. AI supporters counter that AI is perfectly capable of teaching EQ, perhaps even better than humans. This appears to be a debate that is only getting started, especially since hundreds of billions of educational dollars are at stake.

Questions

No. 15 What is one thing the speaker says about AI systems?

No. 16 According to the speaker, what do AI skeptics say?

全訳 教師よりよい？

一部の国では，人工知能が教育の革命的な要素になりつつある。中国では，より新しいAI技術のいくつかが生徒のヘッドセットに使われている。ヘッドセットは脳波を分析し，子供が授業中に注意深く聞いているかどうか，あるいは楽しんでいるかいらいらしているかに関する信号を教師に送る。同様のシステムは一部のアメリカの学校にも存在し，そこでは，AIは生徒の気分を報告することすらできる。これらのプログラムに参加する教師たちは，このデータを分析し，それから，必要に応じて教え方を調整することになっている。もっと自律的なAIシステムは，各生徒に個別の教材を用意することができ，コンテンツと教え方を自動的に更新する。他に類を見ない点として，「AI教師」は疲れもしなければ給料も必要としない。

同時に，懐疑的な人々は，AIが本当に生徒の成績を向上させ得るという主張には神経科学者の研究の裏付けがないと言っている。さらに，AIを疑う人たちは，ロボットが子供たちに社会的スキルの核，特に心の知能指数（EQ）を教えることはできないと感じている。忍耐や共感といったこれらのスキルは，言葉と書籍のみではなく，ボディーランゲージ，視覚的なもの，さらには触覚と嗅覚を通じて教えられるものだ。グーグルのある研究は，IQではなくEQが職業的及び社会的な成功と強い相関があることを示した。AI支持者は，AIにはEQを教える力が十二分にある，もしかしたらそれは人間以上だと反論している。何しろ数千億ドルという教育費の行方がかかっているのだから，これはまだ始まったばかりの議論であるように思える。

No. 15　解答　2

設問の訳　AIシステムについて話者が話していることの1つは何か。
1 教育用ヘッドセットの設計に役立ち得る。
2 個人に合わせた教材を作ることができる。
3 データが増えればさらに賢くなり得る。
4 生徒が自制心をより働かせるようにすることができる。
解説　AIができることは主に前半で述べられている。具体的には，ヘッドセットを使って生徒の状態を把握することと，生徒一人一人に合わせた教材を作ること。後者が **2** に相当する。本文の distinct が選択肢では customized に言い換えられている。

No. 16　解答　3

設問の訳　話者によれば，AIに懐疑的な人たちは何と言っているか。
1 神経科学のプログラムではAIの利用をずっと少なくする必要がある。
2 中国ではIQが重要だが，アメリカではEQが重視されている。
3 いくつかの教育上の主張を証明する十分な根拠はない。
4 どのようなタイプの知性も，一般に信じられているよりもはるかに影響が少ない。
解説　AIに懐疑的な人たちの考えは後半で述べられている。ここで紹介されている彼らの主張は，AIが生徒の成績を上げるという神経科学的根拠はない，AIは生徒にEQを教えることはできない，の2点。前者が **3** に相当する。「AIが生徒の成績を上げる」が，educational claims の内容である。

語句
□ autonomous「自律的な」　□ skeptic「懐疑的な人」　□ neuroscientist「神経科学者」
□ empathy「共感」　　　　　□ correlate *A* with *B*「AとBの相互関係を示す」
□ counter「～だと反論する」

D　スクリプト　★：*Geothermal Energy*　))) 112

　　For the last few decades, humanity has been searching for clean, affordable energy. Both scientists and environmentalists seem to agree that geothermal energy, which is actually a type of volcanic force, meets these requirements. This renewable source helps mitigate the problem of fossil fuel emissions warming the atmosphere and causing climate change. It lacks the impact that mining, drilling, logging, and other energy-related activities have on the environment. There is no need to build huge hydroelectric dams, hydrogen factories, or sprawling solar panel farms. Although not very cheap to set up, it is safe and releases almost no pollution.

　　There are several models of geothermal energy generation. The dry steam model collects underground steam and uses it to power turbines. The flash steam model gets power from steam released from high-pressure groundwater. The binary cycle model uses hot underground water to heat another liquid, turning it to steam to power generators. However, a major limitation of all these models is that most geothermal vents, or holes that the hot water or steam comes from, are relatively few in number. The underground steam and hot water reservoirs can also become depleted. Because of these limitations, geothermal energy comprised less than one percent of total US energy output in 2020.

Questions

No. 17　What is one reason why people are so interested in geothermal energy?

No. 18　What is one thing that restricts the use of geothermal energy?

全訳　地熱エネルギー

　ここ数十年，人類はクリーンで手ごろな値段のエネルギーを探し続けている。科学者も環境保護論者も，地熱エネルギー（実際には火山活動の一種）がこれらの条件に合うという点で一致しているようだ。この再生可能な資源は，化石燃料の排出物が大気を温めて気候変動を引き起こすという問題を軽減するのに役立つ。採掘，掘削，伐採などのエネルギーに関連する活動が環境に与える影響もない。巨大な水力発電ダムや水素工場や無秩序に広がるソーラーファームを作る必要もない。設置費用はそれほど安くはないが，安全で，汚染物質もほとんど放出しない。

　地熱発電にはいくつかの方式がある。ドライスチーム方式は地下の蒸気を集め，それをタービンへの動力として用いる。フラッシュスチーム方式は高圧の地下水から放出される蒸気を動力源とする。バイナリーサイクル方式は熱い地下水を使って別の液体を熱し，それを蒸気

に変えて発電機を動かす。しかし，これらすべての方式の大きな制約は，ほとんどの地熱ベント，つまり熱水や蒸気が放出される穴が，比較的数が少ないという点である。地下の蒸気と熱水の貯留層が枯渇する可能性もある。これらの制約により，地熱エネルギーが2020年のアメリカの総エネルギー生産量に占める割合は1%に満たなかった。

No. 17　解答　**1**

設問の訳　人々がそれほど地熱エネルギーに関心を抱く理由の1つは何か。
　　　　1 自然界への影響が最小限だ。
　　　　2 電気を作るのに機械が一切不要だ。
　　　　3 最も安価に入手できるエネルギー源だ。
　　　　4 通常の水力発電を強化できる。

解説　地熱エネルギーの利点は前半で語られている。クリーンであることがその利点で，具体的には，化石燃料使用による地球温暖化の危険性が少ないこと，環境への負荷が少ないこと，大規模な設備が必要ないことが挙げられている。「設置費用はそれほど安くない」とは述べられているが，**3** の「最も安価」かどうかは本文からは判断できない。

No. 18　解答　**3**

設問の訳　地熱エネルギーの利用を制限しているものの1つは何か。
　　　　1 常に水が近くにある必要があること。
　　　　2 非常に大きな施設を建設する必要があること。
　　　　3 ある地域の資源を使い尽くす可能性があること。
　　　　4 蒸気を放出する地中の穴が小さいこと。

解説　後半の最後に，地熱発電の問題点の1つとして，蒸気や熱水の貯留層が枯渇する可能性があることが述べられている。本文の depleted が選択肢では exhaustion になっている。**4** の蒸気を放出する穴は small なのではなく，数が少ないことが問題なので誤答となる。

語句
☐ geothermal「地熱の」　　☐ affordable「手ごろな価格の」　☐ volcanic「火山の」
☐ mitigate「〜を軽減する」　☐ hydroelectric「水力発電の」　☐ sprawl「不規則に広がる」
☐ vent「穴」　　　　　　　☐ reservoir「貯留層」　　　　　☐ deplete「〜を枯渇させる」

Chapter 6 模擬テスト第2回 解答・解説

E スクリプト ★ : *State Taxes in the US*))) 113

The United States has a federal system, so its constitution allows many duties that would be carried out at the national level elsewhere to be done at the state level. Naturally, the tax policy of each state depends on the state government. Therefore, the level and quality of education, healthcare, and public safety in each state is decided by state voters through their representatives. Generally, a large and wealthy state will have much more in total tax revenue to spend on its residents. However, it may also have disproportionately greater problems to deal with. California, for example, has America's largest number of billionaires, but also its largest number of homeless people.

Regular state taxes actually emerged in 1901. The effect has allowed states much autonomy in funding their own operations. However, there is enormous complexity in this configuration when residents are required to pay both federal and state taxes. States also challenge one another for businesses, and sometimes lower general tax rates to attract firms or make special tax deals for specific companies. Frequent changes like these make yearly tax rules hard to follow. Moreover, lower state tax revenue engenders lower spending on things like daycare centers, parks, and roads. All in all, the current system may not quite resemble what the national founders had envisioned.

Questions

No. 19 What is one thing we learn about the US constitution?

No. 20 What is one thing that influences the complexity of the US tax system?

全訳 アメリカの州税

　アメリカは連邦制なので，他国なら国レベルで行うような多くの業務を州レベルで行うことを憲法が認めている。必然的に，各州の税制は州政府次第である。そのため，各州の教育，医療，治安のレベルと質は州の有権者が代表者を通じて決めている。一般的に，大きく豊かな州の方が，住民のために使える総税収ははるかに多くなる。しかし，そうした州は，対処すべき問題も不釣り合いに大きいかもしれない。例えば，カリフォルニアは億万長者の数がアメリカで最大だが，ホームレスの数も最大である。

　通常の州税が実際にできたのは 1901 年である。その効果により，各州は自身の事業に資金を拠出する上で大きな自治権を持っている。しかし，住民が連邦税と州税の両方を払う義務を負う場合，この構造は極めて複雑になる。また，各州は企業を呼ぼうと競い合っており，時には企業誘致のために一般税率を下げたり，特定の企業に特別な税取引を行ったりする。

このような頻繁な変更は，毎年の納税ルールの理解を難しくしている。さらに，州の税収が減ると，保育所，公園，道路といったものへの支出の減少を招く。結局のところ，現在の制度は，建国者たちが思い描いたとおりのものにはなっていないのかもしれない。

No. 19 解答 **3**

設問の訳 アメリカの憲法についてわかることの1つは何か。
1 各州が互いに助け合うことを促している。
2 他国で普及している制度をまねている。
3 地方レベルで物事を行うよう設計されている。
4 教育のような大きな機能を中央集権化している。

解説 第1文で，ほかの国では国家レベルで行う業務をアメリカでは州レベルで行うことを憲法が認めていると述べており，これが**3**の内容と一致する。**4**については，教育は州が決めることの1つとして言及されているので誤り。

No. 20 解答 **2**

設問の訳 アメリカの税制度の複雑さに影響を与えていることの1つは何か。
1 増加している多数のホームレスのために支出する必要性。
2 各州政府が企業のために税率を変えていること。
3 国の政府が自身の連邦基金をコントロールできていないこと。
4 アメリカの建国者が元々抱いていたビジョン。

解説 後半の第3文以降に問題点が指摘されている。連邦と州の両方に納税しなければならない場合があること，州が企業誘致のために税制を変えており，それが頻繁に行われるとついていけないことなどが挙げられている。この後者が**2**と同じ内容。

語句
□ disproportionately「不釣り合いに」 □ configuration「形態，構造」 □ engender「～を生み出す」
□ envision「～を思い描く」

You have 10 seconds to read the situation and Question No. 21.

★★： Attention, all passengers. This is an emergency announcement. Due to a computer system malfunction, we have become unable to process inbound and outbound aircraft. As a result, all flights are canceled until further notice. Technicians are now working to identify the problem. It is expected to take at least 12 hours for the system to return to normal, but we hope to have some planes back in service rather more quickly. It is strongly recommended that all residents of Britain return home and telephone our special hotline number for more details. Domestic passengers wishing to inquire about refunds should ask for details at the check-in counter of their airline. International passengers requiring emergency hotel accommodation should contact their airline's Information Desk for assistance. We are very sorry for the great inconvenience.

Now mark your answer on your answer sheet.

全訳

　ご搭乗の皆さまにお知らせいたします。緊急放送です。コンピューターシステムの不具合により，到着便と出発便の処理が不可能になっております。そのため，次にお知らせができるまで全便欠航となります。現在，技術スタッフが問題点を確認しているところです。システムが正常化するまで，少なくとも 12 時間かかると見込んでいますが，いくつかの便は，それよりもやや早く運行に戻れるものと期待しております。イギリス在住の皆さまはご自宅にお戻りになり，特別ホットラインの番号に電話してより詳しい情報をお聞きいただくことを強くお勧めします。国内便をご利用の方で，払い戻しについてお尋ねになりたい方は，ご利用の航空会社のチェックインカウンターで詳細をお尋ねください。国際便をご利用で，緊急にホテルでの宿泊が必要な方は，ご利用の航空会社の情報デスクにご連絡いただき，援助を求めてください。多大なご迷惑をおかけしまして，申し訳ございません。

No. 21 解答 **2**

状況の訳 あなたは日本の住民で，今はロンドンのヒースロー空港におり，日本へ帰る飛行機のチェックインを待っている。搭乗便が欠航になったら宿泊先を見つける必要がある。次のアナウンスが聞こえてくる。

設問の訳 あなたは今，何をすべきか。
1 特別ホットラインの番号に電話をかける。
2 搭乗便の航空会社のスタッフと話す。

3 チケットの払い戻しを受ける。

4 別の便を予約してもらう。

解説 空港内でのアナウンス。あなたは現在ロンドンにいて日本に帰るところなので，国際便の乗客ということになる。最後の文が自分に当てはまる。「国際線」やそれに類する語句がキーワードになる，と予想して聞くことが大切。

語句
□ malfunction「（機械の）不調」 □ inbound「到着の」 □ outbound「出発の」

G スクリプト))) 116

You have 10 seconds to read the situation and Question No. 22.

★： Please note that campus jobs are open to all students, regardless of citizenship status. We're inclined toward students with some experience, but are willing to provide training if you're new to this line of work. Right now, most of the open positions are in the campus business center, cafeteria, or bookstore. We are holding open interviews for these positions on Friday, May 27, from 9:00 a.m. to 3:00 p.m. in the operations building. You will not need an appointment, but please bring a student ID and updated résumé, along with a recommendation from your last supervisor, if possible. Also, there are a few openings in the pub. They strictly require some experience. You can apply for those across the hall in Room 220. After completing all required forms, attach a copy of your student ID card and submit the entire package to Administration. International students looking for language tutoring or translation jobs should apply through the International Student Center.

Now mark your answer on your answer sheet.

全訳

キャンパス内の仕事は国籍に関係なくすべての学生に開かれていることを申し上げておきます。ある程度経験のある学生を優先したいのですが，こうしたお仕事が初めてでしたら，トレーニングを提供しても構いません。現時点では，募集中の仕事のほとんどはキャンパスビジネスセンター，カフェテリア，書店のものです。これらの仕事の公開面接を5月27日金曜日の午前9時から午後3時にオペレーション棟で行います。予約は不要ですが，学生証と最新の履歴書，可能であればあなたの直近の指導教員の推薦状を持参してください。また，パブの仕事に少し空きがあります。これには多少の勤務経験が必須です。そちらはホールの向かいの220号室で応募できます。必要な書類すべてに記入したら，学生証のコピーを添付し，全部一括して事務室に提出してください。語学チューターか翻訳の仕事を探して

いる留学生は留学生センターを通して応募することになっています。

No. 22　解答　**2**

状況の訳 あなたは留学生で，キャンパス内での仕事，できれば食品サービスの仕事を探している。あなたにはレストランでの勤務経験はない。学生代表が応募手順を説明する。

設問の訳 あなたはまず何をすべきか。
1 220号室に行く。
2 金曜日のイベントに参加する。
3 面接の予約をする。
4 留学生センターに行く。

解説 食品サービス関係の仕事を探しているのでカフェテリアとパブが希望に沿うが，勤務経験がないためパブは不可で，カフェテリアのみ条件に合う。面接を受けなければならず，それを「金曜日のイベント」と言い換えた **2** が正解。面接は予約不要なので **3** は誤り。

語句
□ inclined「（気持ちが）傾いた」　□ attach「〜を添付する」

You have 10 seconds to read the situation and Question No. 23.

★： We have so many computer course options! Tech 1 has two-hour classes every Monday and Friday morning for two months. At $70 per month, it is a good opportunity to get some intermediate knowledge about the web. Tech 2 is for students who want to develop intermediate website design and graphic skills. This is offered on Wednesdays and Thursdays over a period of 3 months. It's only $190 monthly. On Wednesdays and Thursdays, we offer Tech 3, which is focused on intermediate data management. It is a general course with two-hour classes and additional practical sessions. The duration of the course is 4 months and the fee is $210 per month. Tech 4 has one-hour classes every weekday evening for a full month. At $180 monthly, it is the fastest way to learn intermediate graphic design.

Now mark your answer on your answer sheet.

全訳

　私どもにはパソコン講座の選択肢がたくさんあります！　テック１は毎週月曜日と金曜日の午前の２時間の授業で，２カ月続きます。１カ月70ドルで，ウェブに関する中級の知識を得るよい機会です。テック２は中級のウェブサイトデザインとグラフィックのスキルを磨きたい学生向けです。水曜日と木曜日に開講されており，期間は３カ月です。１カ月わずか190ドルです。水曜日と木曜日は，テック３を提供しています。これは中級のデータ管理が中心です。こちらは２時間の授業と追加の実習がある一般コースです。コースの長さは４カ月で，授業料は１カ月210ドルです。テック４は平日毎晩１時間で，１カ月まるまるのコースです。１カ月180ドルで，中級のグラフィックデザインを学ぶのに最速のコースです。

No. 23　解答　**2**

状況の訳　あなたは基礎 IT コースを修了し，その先の中級コースに進みたいと思っている。毎月200ドルまで使うことができ，火曜日から金曜日まで空いている。あなたはカウンセラーから次の話を聞く。

設問の訳　あなたはどのプログラムに参加すべきか。

1 テック１。
2 テック２。
3 テック３。
4 テック４。

解説 話に出てくる講座のレベルはすべてがあなたの条件である「中級」なので，ポイントは「毎月 200 ドルまで」「火～金曜日」の 2 点。テック 1 とテック 4 は，料金は問題ないが開催日が合わず，受講できない。テック 3 は受講料が 1 カ月 200 ドルを超えてしまうので予算オーバー。テック 2 が 3 つの条件すべてに当てはまっている。

語句

☐ intermediate「中級の」 ☐ duration「(継続) 期間」

I **スクリプト** 118

You have 10 seconds to read the situation and Question No. 24.

★: We have multiple upscale properties to rent in the metropolitan area. Top Tower is a 67-floor apartment structure, with parking and retail space on the lower floors. Rent averages $2,600 monthly. Only small cats and dogs, please. Happy Garden is a gated community of townhouses that is ideal for small families with young children or pets. Rent averages $4,500 per month. Maple Homes offers 6 or 12-month leases for private residences with large backyards complete with swimming pools. Reckon on plenty of space for children and pets to play. It costs $3,200 per month. Ashton Court is a low-rise apartment complex with state-of-the-art amenities such as a clubhouse, fitness center, yoga room, and basketball court. Rents start from $2,500. Pet owners must pay an extra $75 per month.

Now mark your answer on your answer sheet.

全訳

首都圏には複数の高級賃貸物件があります。トップ・タワーは 67 階建ての集合住宅で，下の階には駐車場と店舗があります。家賃は平均で月々 2,600 ドルです。(ペットは) 小型の犬猫のみにしてください。ハッピー・ガーデンはタウンハウスのゲートコミュニティーで，小さな子供やペットがいる小家族に最適です。家賃の平均は 1 カ月 4,500 ドルです。メープル・ホームズは 6 カ月か 12 カ月の賃貸契約で，プール付きの大きな裏庭がある個人宅です。子供とペットが遊べる十分なスペースがあると考えて結構です。1 カ月 3,200 ドルです。アシュトン・コートは低層の集合住宅で，クラブハウスやフィットネスセンター，ヨガルーム，バスケットボール用コートなどの最先端の設備が整っています。家賃は 2,500 ドルからです。ペットの飼い主は 1 カ月当たり 75 ドルの追加料金が必要です。

No. 24 解答 **4**

あなたはマンションを借りたいと思っており，月額3,000ドルまで支払える。飼っているとても大きな犬を受け入れてくれる場所が欲しい。不動産業者があなたに次のように言う。

設問の訳 あなたはどのマンションを選ぶべきか。
1 トップ・タワー。
2 ハッピー・ガーデン。
3 メープル・ホームズ。
4 アシュトン・コート。

解説 ポイントは2つで，「月々の家賃が3,000ドル以内」「大きな犬を飼える」。ハッピー・ガーデンとメープル・ホームズは家賃が3,000ドルを超えているので，対象外。トップ・タワーは，飼えるのが小型の犬猫のみなのでこれも対象外。アシュトン・コートはペットの大きさの制限はなく，ペットの追加料金を加えても家賃が3,000ドルを下回るので，これが正解。

語句
□ upscale「高級な」 □ gated community「ゲートコミュニティー（塀などで囲まれた住宅地域）」
□ townhouse「タウンハウス（長屋式の集合住宅）」 □ amenity「設備，施設」

J スクリプト)) 119

You have 10 seconds to read the situation and Question No. 25.

★： Welcome to Sports Update with me, Ken Curtis. Heavy snowfalls are playing havoc with today's soccer schedule. Wolves v. Youngstown, and Fall River v. Pittsburgh Swallows have been canceled. The much-anticipated game between the Falcons and the Bears has been postponed until Monday evening. Tickets will remain valid. Call the Falcons' hotline for more information. In the second division's top match-up, Hartford Wanderers are due to host highflying Wilmington. Overnight snow is still being cleared, and there will be a final field inspection at midday. Hartford is having problems with its official fan information website today, so tune in again here at 12:15 for the latest news on that one. If the thumbs-up is given, that should be an exciting game. For the latest on other games, check out your favorite team's official website. Now mark your answer on your answer sheet.

全訳

スポーツ・アップデートへようこそ，ケン・カーティスです。大雪で今日のサッカーの予定が大きく混乱しています。ウルブス対ヤングズタウン，フォールリバー対ピッツバーグ・スワローズの試合が中止になっています。大いに待望されていたファルコンズ対ベアーズの試合は，月曜日の夜に延期となりました。チケットはそのまま有効です。詳しくはファルコンズのホットラインへお電話ください。2部の首位争いの試合ですが，ハートフォード・ワンダラーズは，絶好調のウィルミントンをホームに迎える予定です。夜間に降った雪を現在も除雪中で，正午にグラウンドの最終点検をする予定です。ハートフォードは本日，公式ファン情報サイトに不具合がありますので，12時15分にこのラジオ局に再びダイヤルを合わせて，その件の最新情報をお聞きください。もし開催されることになれば，白熱した試合になるでしょう。ほかの試合の最新情報については，お気に入りのチームの公式サイトをご覧ください。

No. 25 解答 **4**

状況の訳 あなたはサッカーチームのハートフォードのファンで，今日の午後の試合の観戦チケットを持っている。ラジオを聞くとこの報告が流れてくる。

設問の訳 あなたは何をすべきか。
1 予定どおりスタジアムへ行く。
2 詳細な情報を得るため，クラブのウェブサイトを見る。
3 最新情報を得るため，ホットラインに電話する。

4 12 時 15 分にスポーツニュースを聞く。

解説 ラジオのスポーツニュース。Situation にハートフォードのファンとあるので，それに特に注意して聞く。試合に向けて現在除雪中で，これからグラウンドの最終点検をすると言っているので，まだ決定は下されていない。今後最新情報を得るのに，公式サイトは不具合があって使えないので再びラジオニュースを聞くように言われている。

語句

□ play havoc「大混乱を起こす」　□ match-up「対戦」
□ highflying「成功した」　　　　□ tune in「ラジオのチャンネルを合わせる」
□ thumbs-up「賛成，承認」

This is an interview with Sandy Brooks, who works as a biotech researcher in Japan.

★ **Interviewer (I):** This is English Radio Japan, and thanks for tuning in. Today we're talking with Sandy Brooks, a biotech researcher. Thanks, Sandy, for coming onto the show.

★★ **Sandy Brooks (S):** I'm happy to be here.

I: So, how did you end up in Japan as a scientist?

S: I've always been interested in science. Specifically, as I grew up, I became fascinated by the possibilities of improving human health through medical engineering. I first came here as a college exchange student and stayed on to do a graduate degree in biotechnology. After that, I took a job with a local firm. You see—even as a student intern, I was impressed by the advances Japanese biotech was making, and decided I wanted to stay and be a part of it.

I: And you actually became a scientist.

S: Yes. I've always admired Japanese biotech's strong links to regenerative medicine—that is, developing cells that can regrow after being damaged. Using this process, one day we may be able to regrow human arms the way some reptiles can regrow their tails. Nowadays, I'm working in a company in Tokyo that develops high-tech medical devices, particularly those that deal with tissue repair. We're focusing on making comprehensive breakthroughs not only in functionality—for example, more accurate analyses of fluids or tissues—but also on mobility and miniaturization. We're helped by the fact that Japan is already a global leader in those two fields. We'll soon work with medical nanotechnology as well. I think that our company is about the best in Asia, and perhaps one of the best in the world, for that matter.

I: Well, could you compare the Japanese biotech sector and those of some other Asian countries?

S: That's difficult. Statistically, Japan, China, South Korea, and Singapore are almost at the same level. Chinese firms tend to get the most funding, both publicly and privately. I still think Japan is a bit better in overall quality control and original research, though. That comes from a rich history in science, particularly since the country began modernizing in the late 19th century. Our work today is built on that foundation. Japan has a rich history of producing remarkable scientists, and I'm proud to be part of that tradition. Speaking of history, one of the Japanese scientists I admire most is Ei-ichi Negishi. He was an excellent student, winning a Fulbright Scholarship. He was also an excellent professor, both in Japan and in the US. And, although he won a Nobel Prize in 2010, he did not pursue a patent for his discovery. This was because he wanted everyone to freely use it. So, he was also very generous and had a sort of pure sense of science. Sadly, though, he passed away in 2021.

I: I see. By the way, what's been your biggest challenge working in Japan?

S: This country is known for its very long work hours. It's good to work hard, but after a certain amount of time, you just aren't productive. Staying late at the office or laboratory doesn't always get the best results. In fact, it can lead to mistakes. It was hard for me to accept this aspect of Japanese business culture at first. It's slowly changing, though. I mean ... like many other companies, ours is focused more on results, not just hours spent in the lab. All in all, it's great to be doing this kind of work in Japan. There are a lot of exciting ideas and developments going on here. My future goals in this field are flexible, though, because new concepts, products, and lines of research are always coming up.

I: That's very interesting. Thank you for your time.

S: Thank you for having me.

Questions

No. 26　What part of Japanese biotech most impressed Sandy?

No. 27　What is one challenge Sandy faced early on in her career in Japan?

全訳

これは日本でバイオテクノロジーの研究者として働くサンディ・ブルックスさんとのインタビューです。

インタビュアー (I)：こちらはイングリッシュ・ラジオ・ジャパンです。お聞きいただきありがとうございます。本日はバイオテクノロジーの研究者であるサンディ・ブルックスさんとお話しします。サンディさん，番組にお越しいただきありがとうございます。

サンディ・ブルックス (S)：お招きいただいてうれしいです。

I：さて，どうして日本で科学者として働くことになったのですか。

S：科学にはずっと興味がありました。特に，成長するにつれ，医用工学を通じて人の健康を改善できる可能性があるという点に魅了されるようになりました。私はまず大学の交換留学生としてこちらに来て，そのまま大学院でバイオテクノロジーの学位を取りました。その後，地域の企業で職を得ました。何て言うか……インターンの学生の立場でも，日本のバイオテクノロジーの進歩には感銘を受けていたので，こちらに残って，私もかかわりたいと決

めたのです。

I：そして実際に科学者になったのですね。

S：はい。私は常々，日本のバイオテクノロジーが再生医療，つまり，損傷しても再び成長することのできる細胞の開発と強いつながりを持っている点がすごいと思ってきました。このプロセスを利用すれば，いつか私たちは，一部の爬虫類（はちゅう）が尻尾を再生できるように，人間の腕を再生することができるようになるかもしれません。今は，高度な医療装置，特に細胞組織の修復を扱う装置を開発する東京の会社に勤務しています。私たちは，例えば流体や組織をより正確に分析するという機能面だけでなく，可動性と縮小化の面でも総合的な飛躍的進歩ができるよう，力を注いでいます。私たちは，日本がこれら 2 つの分野で既に世界的なリーダーであるという事実に助けられています。私たちは間もなく医療ナノテクノロジーにも取り組みます。それについてなら，私たちの会社はアジアではほぼトップ，もしかすると世界でもトップの 1 つだと思います。

I：えー，日本のバイオテクノロジー分野とアジアのほかの国々を比較していただけますか？

S：難しいですね。統計的には，日本，中国，韓国，そしてシンガポールがほぼ同じレベルです。中国企業が，公的資金と民間の資金の両方を最も多く得る傾向があります。私はやはり日本が全体的な品質管理と独自の調査という点でやや勝っていると思いますが，それは特に 19 世紀後半に国が近代化を始めて以降の科学の歴史が豊かなことに由来します。私たちの今日の仕事はその基礎の上に成り立っています。日本には素晴らしい科学者を生んできた豊かな歴史があり，私はその伝統の一部になっていることを誇りに思います。歴史と言えば，私が最も崇敬している日本の科学者の 1 人は根岸英一さんです。彼は優秀な学生で，フルブライト奨学金を得ました。彼はまた日本とアメリカの両方で優れた教授でした。そして，彼は 2010 年にノーベル賞を受賞しましたが，自分の発見に特許を求めませんでした。みんなに自由に使ってほしかったからです。つまり彼はとても気前がよい人でもあり，ある意味では，純粋な科学感覚を持っていました。残念ながら 2021 年に亡くなりましたが。

I：なるほど。ところで，日本で働く上での最も大きな困難は何ですか。

S：この国は労働時間がとても長いことで知られています。一生懸命働くのはいいことですが，ある程度時間が経つと，単純に生産性が落ちます。会社や研究室に遅くまでいても，必ずしも最高の結果を得られるわけではありません。むしろ，ミスにつながります。最初は，日本のビジネス文化のこうした側面を受け入れるのは大変でした。しかし，徐々に変わりつつあります。つまり……ほかの多くの会社のように，私たちの会社も，研究室で過ごした時間だけではなく，結果により重きを置いています。全体的に見て，この種の仕事を日本でしているのは素晴らしいことです。ここでは，刺激的なアイデアと開発がたくさん進行しています。新しいコンセプトと製品と調査分野が常に生まれているので，この分野での私の将来の目標は柔軟です。

I：とても興味深いですね。お時間をいただきありがとうございました。

S：お招きいただきありがとうございました。

No. 26 解答 **2**

設問の訳 日本のバイオテクノロジーのどの部分にサンディは最も感銘を受けたか。
1 さまざまな環境で生き延びる細胞を作ることにつながっていること。
2 体の欠けた部分を再生させることにおける画期的な進歩。
3 人間の成長を理解するために科学を根気強く利用すること。
4 海外の学生を特別インターンとして歓迎しようという前向きな気持ち。

解説 ２つ目から３つ目の発言にかけて，サンディは日本に来て印象深かったことについて述べている。バイオテクノロジーが再生医療とかかわりを持っている点について彼女は語っており，これを言い換えた **2** が正解。

No. 27 解答 **3**

設問の訳 日本で働き始めた最初のころサンディが直面した困難の１つは何か。
1 研究室の器具の扱いが難しかった。
2 追いつくためにいつも遅くまで勉強しなければならなかった。
3 異なる仕事文化に対応しなければならなかった。
4 ミスを避けるのが難しかった。

解説 インタビュアーが難しい点 (challenge) は何だったかとはっきり聞いているので，その直後に答えがある。長時間働くことをよしとする日本の仕事文化を受け入れることを彼女は難しいと感じていたので **3** が正解。会社などに遅くまでいることについては言及しているが，彼女自身が遅くまで勉強しないといけなかったとは言っていないので **2** は不正解。

語句
□ end up「結局〜になる」　　　　　　□ medical engineering「医用工学」
□ exchange student「交換留学生」　　□ regenerative medicine「再生医療」
□ fluid「流体」　　　　　　　　　　□ statistically「統計的に」
□ patent「特許」

Appendix
覚えておきたい
表現リスト

覚えておくと1級リスニングで役立つ表現をまとめました。できるだけたくさん覚えて試験に臨みましょう。（音声は2ページずつ区切られています）

))) 122-125

001 ☐☐☐ **beat around the bush**	遠回しに言う，はっきりと言わない
Stop **beating around the bush**, and just tell me what you want.	持って回った言い方はやめて，何が欲しいのか言いなさい。
002 ☐☐☐ **cut corners**	手抜きをする，節約する
Although it's a budget airline, it never **cuts corners** on safety.	それは格安航空ではあるが，決して安全性で手抜きをしない。
003 ☐☐☐ **cut down on**	～を減らす
I've been trying to **cut down on** junk food lately.	最近，私はジャンクフードを減らすよう努めているんだ。
004 ☐☐☐ **cut ~ some slack**	（状況を考慮して）～を大目に見る
She's going through a tough time right now, so let's **cut** her **some slack**.	彼女は今大変なんだ。だから彼女のことは大目に見てあげよう。
005 ☐☐☐ **explode [blow up] in *A's* face**	（計画が）突然つぶれてAの面目をつぶす
I warned him that his plan would **explode in his face,** but he didn't listen.	彼の計画は失敗して面目が丸つぶれになるだろうと警告したが，彼は聞き入れなかった。
006 ☐☐☐ **follow suit**	人のするとおりにする，先例に倣う
After Mia became a vegetarian, several of her friends **followed suit** and gave up meat as well.	ミアがベジタリアンになった後，友人の何人かが続いて，同じように肉を食べるのをやめた。

007 ☐☐☐ **fork out**	（大金）をしぶしぶ支払う
I had to **fork out** a lot of money for these new tires, but it was worth it for safety.	この新しいタイヤに大金を払わなければならなかったが，安全のためにそうする価値はあった。

008 ☐☐☐ **a game changer**	状況を劇的に変える人［出来事］
I'm excited to hear the news. I think this might be **a game changer**.	その知らせを聞いてわくわくしているよ。これで状況が一変するかもしれないと思う。

009 ☐☐☐ **get the ball rolling**	（仕事などを）うまく始める
It took months to **get the ball rolling** on the project, but everything is going very smoothly now.	そのプロジェクトを始めるのに何カ月もかかったが，今はすべて順調に進んでいる。

010 ☐☐☐ **give ~ the cold shoulder**	～を冷遇する
Richard was shocked when his old friend **gave him the cold shoulder** at the party.	リチャードはパーティーで旧友に冷たくされてショックを受けた。

011 ☐☐☐ **go a long way to *do*ing**	～するのに大いに役立つ
Keeping a positive attitude can **go a long way to achieving** your goals.	いつも前向きな態度でいることは，目的を達成するために大いに役立つ。

012 ☐☐☐ **hands down**	疑いなく，楽々と
She is **hands down** the most talented musician I've ever known.	彼女は間違いなく私が知る限り最も才能のある音楽家だ。

013 ☐☐☐ **have a big mouth**	口が軽い
Don't say a word about this to Tony. You know he **has a big mouth**.	このことをトニーに言ってはいけないよ。彼は口が軽いって知ってるでしょ。

014 ☐☐☐	
have the final say	最終決定権を持つ
I don't think it will be a problem, but of course, my manager will **have the final say**.	それは問題にはならないと思うが，最終決定権はもちろん部長が持っている。

015 ☐☐☐	
in case ~	～に備えて，～だといけないから，もし～なら
You should always have travel insurance **in case** there's a medical emergency during your vacation.	休暇中に急に医者が必要になった場合に備えて，常に旅行保険に入っておいた方がいい。

016 ☐☐☐	
in the cards	ありそうな
Michelle was upset when her boss told her that a promotion wasn't **in the cards** this year.	上司が今年の昇進はないと告げ，ミシェルは動揺した。

017 ☐☐☐	
in the worst-case scenario	最悪の場合
In the worst-case scenario, the hurricane may hit the city directly.	最悪の場合，ハリケーンがその都市を直撃するかもしれない。

018 ☐☐☐	
just what the doctor ordered	まさに必要な［望ましい］もの
When you're under a lot of stress, a walk in nature can be **just what the doctor ordered**.	たくさんのストレスにさらされているときは，自然の中を歩くことが特効薬になり得る。

019 ☐☐☐	
keep *one's* fingers crossed	幸運を祈る
I have my driver's test on Friday, so **keep your fingers crossed** for me.	運転免許試験が金曜にあるから，合格するよう祈っていてね。

020 ☐☐☐	
keep *one's* head	冷静でいる，落ち着いている
In an emergency, it's important to **keep your head**.	緊急時には落ち着くことが大事だ。

021 ☐☐☐ **the last straw**	（我慢の限界を超える）最後のわずかなもの
That was **the last straw**. I'm going to quit my job.	あのことで我慢の限界を超えてしまった。私は仕事を辞める。
022 ☐☐☐ **a long shot**	勝ち目の少ない賭け，一か八かの企て
A: Do you think she'll pass the test? B: Well, it's **a long shot**, but she's smart, and she studies really hard.	A：彼女は試験に受かると思う？ B：うーん，難しいけど，彼女は頭がいいし，本当によく勉強しているよ。
023 ☐☐☐ **look up**	好転する
His health had been declining, but with the new medication, things are starting to **look up**.	彼の健康は悪化していたが，新薬によって事態が好転し始めている。
024 ☐☐☐ **a man [woman] of** *one's* **word**	約束を守る人
If he says he'll help you, he will. He's **a man of his word**.	彼が君を助けると言ったなら，助けるだろう。彼は約束を守る人だ。
025 ☐☐☐ **never hear the end of**	（批判など）をいつまでも言われる
If I forget our wedding anniversary again, I'll **never hear the end of** it from my wife.	また結婚記念日を忘れたら，妻からいつまでも文句を言われ続けるだろう。
026 ☐☐☐ **not** *A's* **day**	Aはついていない
Today was **not my day**. First, I lost my phone, and then I burned my dinner.	今日はついていなかった。まず電話をなくし，それから夕食を焦がしてしまった。
027 ☐☐☐ **not hold** *one's* **breath**	期待を持たない
You can ask for a raise, but **don't hold your breath**.	昇給を求めてみるのはいいが，期待しない方がいいよ。

---

028 ☐☐☐

not off the top of my head

すぐには思いつかない

A: Do you know when the parts will arrive?
B: **Not off the top of my head**, but I can look it up for you.

A：部品がいつ届くかわかりますか。
B：即答はできませんが，調べてみることはできます。

---

029 ☐☐☐

on the agenda

議題になって

Although it's not **on the agenda**, we need to urgently discuss the quality control problem.

議題にはないが，品質管理の問題について緊急に話し合う必要がある。

---

030 ☐☐☐

on the ball

（変化などに）敏感な，有能な

If you want to succeed in this job, you need to be **on the ball** at all times.

この仕事で成功したければ，常に抜かりなく行動する必要がある。

---

031 ☐☐☐

on the same page

同意見で，同じものを目指して

Unfortunately, my wife and I aren't **on the same page** about where to go for our vacation this year.

残念ながら，今年の休暇の行き先について妻と私の意見が一致しない。

---

032 ☐☐☐

on the verge of

今にも～しそうで

When she got the bad news, Barbara was **on the verge of** tears.

その悪い知らせを聞いたとき，バーバラは泣きそうになった。

---

033 ☐☐☐

over-the-counter

（薬が，医師の処方箋なしで）店頭で買える

The rash is not too serious, so there's no need for a prescription. You can just get an **over-the-counter** medication.

発疹はそれほど重くないので，処方箋の必要はありません。市販薬を買えばいいでしょう。

---

034 ☐☐☐

shell out

（大金）をしぶしぶ支払う

You'll have to **shell out** quite a bit if you want front-row seats.

最前列の席がいいのなら，かなりの金額を払わなければならないね。

035 ☐☐☐ **the shoe is on the other foot**	立場が逆になる，形勢が逆転する
When she was our leader, she gave me the most difficult tasks, but now **the shoe is on the other foot**, so I will do the same to her.	彼女はリーダーだったとき最も困難な仕事を私に課したが，今は立場が逆転したので，私が同じことを彼女にするつもりだ。
036 ☐☐☐ **sign up for**	〜に登録する
I was thinking about **signing up for** a cooking class, but when I called, they said it was full.	料理教室に申し込むつもりだったが，電話したら定員になったと言われた。
037 ☐☐☐ **sleep on it**	一晩よく考える，（結論などを）翌日に出す
I'm going to **sleep on it** before making a final decision.	最終決定をする前に，一晩よく考えるつもりだ。
038 ☐☐☐ **slip *A's* mind**	Aに忘れられる
A: Hey, you forgot to call me! B: Sorry, it **slipped my mind**. I've been really busy lately.	A：ねえ，電話忘れたでしょ！ B：ごめん，うっかりしてた。最近すごく忙しくて。
039 ☐☐☐ **sound out**	〜の意見を探る
I **sounded out** my wife about buying a new car last night, but she was against the idea.	新車を買うことについて昨夜妻の意見を探ってみたが，彼女はその考えに反対だった。
040 ☐☐☐ **steer clear of**	（人・面倒など）に近付かない
I suggest that you **steer clear of** that neighborhood. There's a lot of crime there.	あの地域は避けることを勧めるよ。あそこは犯罪が多いんだ。

041 ☐☐☐
take a rain check
（今回は無理だが）次回の受け入れを約束する

A: How about seeing a movie this weekend?
B: Sorry, I'm going to have to **take a rain check** on that. I have a lot of yard work to do.

A：今週末，映画を見に行かない？
B：ごめん，またの機会にさせてもらうよ。庭仕事がたくさんあって。

042 ☐☐☐
twenty-four seven [24/7]
いつも，年中

Their customer support line is available **24/7**, so it's very convenient.

その会社のカスタマーサポートは24時間無休で利用できるので，とても便利だ。

043 ☐☐☐
under warranty
保証期間中で

Luckily, the printer was still **under warranty**, so the repairs didn't cost anything.

幸いプリンターはまだ保証期間内だったので，修理は無料だった。

044 ☐☐☐
up in the air
確定していない

My travel plans are still **up in the air** until my boss approves my vacation request.

私の旅行計画は，上司が休暇申請を承認するまで未定のままだ。

045 ☐☐☐
wrap up
～を滞りなく終える，～を締めくくる

After we **wrap up** the meeting, let's go for coffee.

ミーティングが終わったらコーヒーを飲みに行こう。

046 ☐☐☐
Bear with me.
お待ちください

I'll have the problem fixed soon, so please **bear with me**.

もうすぐ問題を解決しますので，お待ちください。

047 ☐☐☐
Beats me.
さっぱりわからない

A: What do you think that noise coming from the engine is?
B: **Beats me**. I don't know anything about cars.

A：エンジンから聞こえるあの音は何だと思う？
B：さっぱりだな。車のことは何もわからないんだ。

048 ☐☐☐
Couldn't be better.

最高だ

A: How are you doing today?
B: **Couldn't be better**. I had a great workout this morning.

A：今日の調子はどう？
B：最高だね。今朝はいい運動ができたんだ。

049 ☐☐☐
Cut it out.

やめろ，いい加減にしろ

Cut it out! It's impossible to study with all this noise.

やめてくれ！ こんなにうるさくては勉強できないよ。

050 ☐☐☐
Fair enough.

もっともだ，わかった

A: I'm too tired to go to a club tonight.
B: **Fair enough**. We can stay in and watch a movie instead.

A：今夜は疲れていてクラブに行けないわ。
B：もっともだね。代わりに家にいて映画を見ればいいよ。

051 ☐☐☐
Suit yourself.

お好きにどうぞ

A: I think I'm going to dye my hair.
B: Well, **suit yourself**. But I really like your natural color.

A：髪を染めようと思うの。
B：まあ，ご自由に。でも地毛の色がとても好きだよ。

052 ☐☐☐
Tell me about it.

わかるわかる，そのとおりだ

A: I think Bill is unreliable.
B: **Tell me about it**. I had to remind him three times to send me a copy of a report last week.

A：ビルは当てにならないと思う。
B：わかるよ。先週，レポートを1部送るよう3回念を押さないといけなかったんだ。

053 ☐☐☐
You have my word.

請け合います，大丈夫だから信頼してほしい

A: Can you promise me that you won't tell anyone about this?
B: **You have my word**. Your secret is safe with me.

A：このことを誰にも言わないって約束できる？
B：約束するよ。僕は君の秘密を漏らしたりしない。

問題番号			1 2 3 4
Part 1		No.1	① ② ③ ④
		No.2	① ② ③ ④
		No.3	① ② ③ ④
		No.4	① ② ③ ④
		No.5	① ② ③ ④
		No.6	① ② ③ ④
		No.7	① ② ③ ④
		No.8	① ② ③ ④
		No.9	① ② ③ ④
		No.10	① ② ③ ④
Part 2	A	No.11	① ② ③ ④
		No.12	① ② ③ ④
	B	No.13	① ② ③ ④
		No.14	① ② ③ ④
	C	No.15	① ② ③ ④
		No.16	① ② ③ ④
	D	No.17	① ② ③ ④
		No.18	① ② ③ ④
	E	No.19	① ② ③ ④
		No.20	① ② ③ ④
Part 3	F	No.21	① ② ③ ④
	G	No.22	① ② ③ ④
	H	No.23	① ② ③ ④
	I	No.24	① ② ③ ④
	J	No.25	① ② ③ ④
Part 4		No.26	① ② ③ ④
		No.27	① ② ③ ④

RESULT

Part 1　　／10

Part 2　　／10

Part 3　　／5

Part 4　　／2

Total　　／27

問題番号			1 2 3 4
Part 1		No.1	① ② ③ ④
		No.2	① ② ③ ④
		No.3	① ② ③ ④
		No.4	① ② ③ ④
		No.5	① ② ③ ④
		No.6	① ② ③ ④
		No.7	① ② ③ ④
		No.8	① ② ③ ④
		No.9	① ② ③ ④
		No.10	① ② ③ ④
Part 2	A	No.11	① ② ③ ④
		No.12	① ② ③ ④
	B	No.13	① ② ③ ④
		No.14	① ② ③ ④
	C	No.15	① ② ③ ④
		No.16	① ② ③ ④
	D	No.17	① ② ③ ④
		No.18	① ② ③ ④
	E	No.19	① ② ③ ④
		No.20	① ② ③ ④
Part 3	F	No.21	① ② ③ ④
	G	No.22	① ② ③ ④
	H	No.23	① ② ③ ④
	I	No.24	① ② ③ ④
	J	No.25	① ② ③ ④
Part 4		No.26	① ② ③ ④
		No.27	① ② ③ ④

RESULT

Part 1	／10
Part 2	／10
Part 3	／5
Part 4	／2
Total	**／27**